我和我的世家

My Family
and Me

张宇 著

天津出版传媒集团

天津人民出版社

图书在版编目（CIP）数据

我和我的世家 / 张宇著. -- 天津：天津人民出版社，2020.9

ISBN 978-7-201-15601-9

Ⅰ.①我… Ⅱ.①张… Ⅲ.①家族—史料—天津 Ⅳ.① K820.9

中国版本图书馆 CIP 数据核字 (2019) 第 273047 号

我和我的世家
WO HE WO DE SHIJIA

出　　　版　天津人民出版社
出　版　人　刘　庆
地　　　址　天津市和平区西康路 35 号康岳大厦
邮政编码　300051
邮购电话　022-23332469
网　　　址　http://www.tjrmcbs.com
电子信箱　reader@tjrmcbs.com

选题策划　任　洁
责任编辑　金晓芸
特约编辑　康嘉瑄
装帧设计　王伟毅
摄　　　影　蔡朦　宋宇
内页设计　Rodkina Tatiana

印　　　刷　雅迪云印（天津）科技有限公司
经　　　销　新华书店
开　　　本　787 毫米 × 1092 毫米　1/16
印　　　张　13.75
字　　　数　200 千字
版次印次　2020 年 9 月第 1 版 2020 年 9 月第 1 次印刷
定　　　价　168.00 元

技，巧也，
从人。
泥人张，
不仅是品牌，更是匠人。

自远古以来，雕塑是人类在各文明体系中，最早用来表达情感、记录事物、表现偶像的载体之一。在时间的长河中，由于能够稳定保存，雕塑作品成为人类历史的承载者，展现了各文明的精彩流转。

中国雕塑，两千年来长期为宗教和世俗需求服务，在狭窄的实用空间中，完成了自我体系的建立和演变。历代的雕塑师们，在留下大量雕塑作品的同时，也形成了独特的审美标准与独特的彩色雕塑风格。

清朝末年，由于文人的参与，雕塑不再强调实用性，而成为表达创作者自由情感的艺术品。张明山先生便是其中翘楚。明山先生融合西方雕塑技法和中国古典文人审美情趣，创立了独特的雕塑形式，形成浪漫现实主义雕塑风格。先生家族，代有名家，父子相承，六世亲传。到了我这一代，承袭祖业，又开新局，成为亚洲当代雕塑名家。世称我的家族为"泥人张世家"。

目　录 | Contents

世家

第 一 章

CHAPTER I

───────

我和
我的世家

技，巧也，从人。泥人张，不仅是品牌，更是匠人。

───────

　　从来没有一种技艺可以脱离人而存在，寻找泥人张，即寻找掌
握其技艺的人。只有艺术家，没有艺术品牌。

都市艺人

我是张宇，生活在天津。虽然只有四十一岁，但我从事泥塑创作已经三十多年了。时间过得很快，从我最初接触泥塑，进入了职业生涯，感觉只做了两三件事情，就已经年过不惑，筹谋着退休了。

现在，我也是忙忙碌碌的，每天除了自己的创作之外，有些应酬和公事，偶尔抽点时间看看书，总觉得还有更广阔的世界没有接触过，但想着也不必去接触了。我在自己的世界中，也是不错的。

在我的世界里，家庭占了很重要的位置。我夫人和我是高中同学，我们从高中时代慢慢走来，成立家庭，先后有了两个儿子。现在儿子们都长大，上学，开始有了他们自己的世界。我有心让他们接触我的工作，但现在看来，他们将来的选择，还不能确定。

我的夫人有自己的爱好，并且喜欢执着地去做自己想做的事情。所以她在自己的世界里有着自己的乐趣，也总是能给家庭带来温馨的气氛。大儿子性格沉稳，和我很像。他内心有自己的想法与筹谋，外在却有着大男孩的羞涩和拘谨。二儿子是一个天性活泼、直来直去的阳光男孩，心中没有哥哥那样的城府，总是天真快乐。

我在这座城市中有自己的房子。我很庆幸在年轻的时候赶上了房子涨价之前的低房价时代，可以在大城市中有自己的落脚之处。一百九十三年前，我的祖辈从浙江绍兴来到天津，经历了许多年的漂泊，才在天津落了脚，慢悠悠地成了北方人，天津人。

男人在城市中有了房子就有了安定之处，无论大小，心事就不用全放在赚钱之上了。

所以我有精力、有时间去做我喜欢的事，也就是我的职业。若简单地说，这事就是雕塑。实际上，这份工作的范围还是挺广的。它有作品的创作、作品的推广、作品的销售和所谓的文化研究。因为在这个家族里，之前的五代人都从事着相同的工作，对这份工作就有了一种稳定的理解。工作是一件一件的事情，好像不具有价值，我也不会对它进行评价。它只是每一天都需要我去做的、去完成的一些小事而已！如果做得不好，不够精致，我会有一些挫败感。但社会对我的宽容还是很多的，当然了，也没有人会当着我的面，说出那些真实的批评。但我自己知道，自己的能力有限，每天去做好自己的功课，就是了。

这就是我每天的工作和生活。在我的家庭之中，工作与生活彼此交融，影响至深。我从没有想过去换一份工作，也没有想过，如果这份工作不能支撑我的生活，我会做什么样的选择。就像是开车上了一条盘山公路，曲折很多，有时候甚至看不到前方的路，但终归要沿着这条路走下去。

　　我就是这样一个在都市中延续着古老工作的艺人，并在其中寻找着自己的快乐。我每日做着自己应该做的事情，也被这座城市不停地赋予各种各样的价值。有的时候，我一文不值；有的时候，又光辉灿烂。但这跟我都没有关系，我只是在做我的事情。

津门百年艺家

　　我家族技艺的由来，则更要从头说起。

　　那是大约一百九十三年前，浙江绍兴的张万全先生，带着自己六岁的儿子张明山来到天津。他们原本只想在此地暂住，但阴错阳差，在天津老城的西北角长住了下来。

　　张万全先生以教私塾为业，家境困难。他一直希望自己的孩子可以走传统文人之路，但没想到长子张明山，走了一条独特的道路，而且世袭六代，相传近两百年。

　　故事的开篇也很传奇，年轻的张明山将传统的雕塑改良为文人艺术品，脱离了雕塑的实用性建立起自己的雕塑风格，获得主流文化界的一致认可与推崇，乃至对中国本土雕塑艺术产生显著的影响，并且艺传数世，代有名家，成为艺术史上独特的存在。

技艺由来

我的技艺来自家庭的传承。在家庭里，我最先接触到的是我父亲和我爷爷的技艺，他们两个人一直从事着相同的工作——雕塑。虽然在那个年代，他们的职业在社会上是边缘化的，并不受人们重视，有些扬弃的意味。他们本身因为同时是博物馆的研究员，在社会中有自己的一席之地，但纯粹的手艺人，是没有生存空间的。

父母因为是双职工，我还有个姐姐，难免照顾不到我。所以小的时候，我白天和爷爷一起生活。那个时候，孩子们自己在胡同里玩耍。穿过马路，从爷爷家回到自己的家，应该不是什么太新鲜的事情。稳定的社会治安，使得孩子们有宽广的活动空间，可以随意地穿街过巷。

我家和爷爷家离得很近，都在小白楼，一家在小白楼商业街的这头，一家在那头。我去爷爷家或者回到自己家都要穿过整条商业街。

那时候小白楼商业街是天津最热闹的几条商业街之一。现在看起来当时商业街的商业形式很简单，只是一些卖应季服装或者小商品的摊群，但摊主们的收入颇丰。那时候还有几家卖冰棍和羊肉串的店面，总是被挤得水泄不通。

这种商业氛围让我从小就感受到一种很独特的冲突。因为我和改革开放"同龄"——1978 年出生，在我小的时候，这种不被人们所看重的个体户、私营经济的拼搏与体制内人们的悠游散漫，形成了非常明显的对比和冲突。

从事个体经营的人大多有着自己生活的问题，不能进入体制内，才选择了独立经营的生活方式。而他们在经营中也是备受艰辛，但有着令人羡慕的收入。虽然这种高收入，随着社会的发展，在不断地被抹平。但在当时，个体户的收入仍然是令人羡慕的。大部分体制内的人既羡慕体制外的收入，但又绝不想丢掉体制内的工作，去"下海"。而在当时，"下海"这个词，就明显地带着令人恐惧的味道。对我一个孩子来说，觉得更加有趣的可能是看到这种冲击，而根本体会不到那种独自经营的艰辛与无奈，以及羡慕却不会投入的感觉。

无论怎么说，那个时候我还不能明白所有的事情，却看到了两种不同的生活方式，而我好像隐隐地选择了第一种。所以在后来的工作中，独立经营一直是我很看重的一个工作底线。虽然它也在我和别人合作时给我带来了麻烦。

人们对某种技艺的直观感受，最主要的来源于它的外在形象。那么支撑这种技艺存在的体制，就像是冰山在水下的巨大部分，深沉而醇厚。人们看不见它，但它却是决定性的因素。

对传统技艺而言，这种体制的设定，甚至从一开始就决定了从业者的归宿。

我选择了这样一种独立的方式，去经营我喜欢的事业。没有社会的保障，也没有生存的保障，只是因为自己喜欢和自己的性格，而选择了这样一条道路，独自经营自己喜欢的技艺。

对现代的年轻人而言，这种选择并没有多么的困难，而在当时，这确实是一个艰难的、需要勇气的选择。这样的选择在我爷爷和我父亲那一代看来是非常危险的，也是令人难以稳定下来的。所以直到我快四十岁时，我父亲还在跟我说，你要有自己的生活保障，要有存款，要有一点应对危机的保障。我可以理解，但我也很难有这种保障。都市中的艺人，生存还是第一位的。

我选择了独立的经营方式，首先是因为我喜欢这项技艺，之后把它当作职业，去考量我应当如何去经营。如果当初我不喜欢这项技艺，我会选择另外一条路，从此与雕塑分道扬镳。对我而言，社会上所谓的继承的责任，在那个年代并不存在。人们并不看重延续传统文化的责任，甚至人们希望去掉它在生活中的老样子，从而尽快迈入现代化的社会。所以决定一切的，还是因为这项技艺——雕塑，对我的吸引力。

我那时候性格内向、木讷，甚至有些超乎寻常的害羞。但这并不妨碍我内心丰富的情感世界，我需要找到一条表达的路径。而绘画和雕塑恰好成为我用来表达的方式，它们不需要我直接和人沟通，我只需要认真做好自己的事情就可以，当作品呈现出来，我也不需要对方的理解与认可，仅仅用作品去表达就可以。这对我而言，实在太有吸引力了。

当时我在爷爷家能够接触到泥塑。那时候爷爷会在家里做一些小的作品，因为当时这个行业已经被社会抛弃，所以他只是偶尔兴起才会做几件。他做的时候，可能更多的是对自己青年时期的怀念，对往昔的追忆，并没有什么实用的价值。

我恰好出现在旁边，这可能也引起了他的某些怀想。他会邀请我加入到他的创作中，有的时候是做一做山石的纹路，有的时候是画一些简单的颜色，还有的时候是帮他磨墨。我对这些工作，其实有些苦恼，或者说对那时的我而言，做这些事只是看在爷爷的面子上。我喜欢雕塑，但是我不喜欢帮他去做。

这也是我的性格中很奇怪的一个方面，我很少和别人合作，也不愿意合作。我喜欢独立的创作，喜欢用泥去表达，虽然简单粗陋，但我乐于用泥去表达我想做的事情和我想表达的形象。爷爷一旦让我和他的创作联系，我就会感觉到无聊，这不仅是创作欲望被约束，而且觉得这件事情无聊到和我没有关系。

从那个时候开始，在我的内心好像把技艺、技巧和个人化的艺术创作，分得特别清晰清楚，泾渭分明。如果是让我去做一件单纯展现技艺技巧的事情，我会觉得无聊，但如果是让我去完成个人的创作，我会沉浸其中，并自觉其乐无穷。

同样一件事情，它的状态不同、初衷不同，我也会呈现出不一样的感受、不一样的表现，或者欣喜，或者冷漠。这也让我爷爷和我父亲有些苦恼，他们会摸不着头脑，不知道我是喜欢这件事，还是不喜欢。不过，对他们而言，他们对我也没有过多的期望。因为从这个家族里走出的每一个人都知道，从事这个行业，需要的是个人内心坚定的信念。这个信念，每个人的来源不同，但一定是对这种信念的坚持，才会使这个人从事这个行业。外在的任何约束和要求，都不能改变他走向职业化的道路。

我就是在这种状态下，发自内心地喜爱上了雕塑这件事，并且把个人创作和技艺的展现，做了明确的分割与选择。同时也在无意中选择了独立经营的模式，开始了我的职业生涯。我总是说我对现在企业的规划，其实在小学的时候，就已经设置清晰了，后面只是一件事一件事地去做，去完成这个设定，这也就是我——一个都市艺人的职业生涯。

我的祖辈

我家族的技艺，在天津其实还是小有名气的。以至于现在"泥人张世家"的名号在天津也有了假冒者。但要追根溯源，还要从一百九十多年以前说起。

在 1832 年，六岁的张明山，随父亲来到天津暂住，张明山的父亲张万全先生是浙江绍兴人士，在河北省深县（今为深州市）做师爷。县官因为辞官回家，不再雇佣师爷。而幕僚属于编外人士，张万全先生没有政府的编制，又失去了雇主，原本想回乡再找一份差事，但奈何赶上了灾荒，路途不便。于是他便暂携家人来到了天津，投亲靠友，暂住一时。

张万全先生来到天津之后，在天津老城的西北角赁了一处小房，暂时安顿下来，日常以教私塾为生。但是"家有半斗粮，不做孩子王"，他的生活依然困顿清贫。在这样的环境中，张万全先生还是希望儿子张明山可以走传统文人的道路，在私塾上学。希望他学画、写诗，可以成为一个传统文人，即使不入仕途，也不会入市井。

这对张明山产生了很大的影响，所以后来无论世事如何变化，在从业的选择上，他都希望自己成为一位古典文人。而文人气质，也一直贯穿于其作品之中，使他的作品脱离了古典雕塑所固有的实用性和民间色彩，为精英文人所接受，成为古典主流文化的一支。

虽说如此，但是年幼的张明山还是要一边上学，一边想办法赚点零花钱，甚至补贴家用。

当时天津的泥人行业呈现一派兴盛之势。这门技艺入门简单，材料易得，又可以有良好的市场，这门技艺就给了年幼的张明山为家庭效力的机会。

在那时候的天津，有一句诗："泥人昔说鄜州好，可似天津样样工。"在天津有大量的陶艺工人，他们工余时间会做泥制的文具和玩具出售，从而自发形成了一个特有的泥塑市场。

天津作为水陆码头的关口，进京的货物要在此收税，而在其中有一些商品是免税的，泥塑就是其中的一项。因为免税，北方又有一个良好的泥塑市场，所以南方的泥塑艺人有的时候也会随船北上，有些人还落户在了天津，把南方的泥塑带到了北方。话说回来，天津泥塑的风气一直不盛，不像无锡、嵊县（今为嵊州市），也不像河北、陕西一样，有悠久的泥塑历史。在京津两地，少有泥塑，但是随着南方泥塑艺人的北上，特殊的泥塑市场的兴盛，使得天津在那一时期出现了许多泥塑艺人。

但他们的作品大多属于民间泥塑。

民间艺术的概念出现于 20 世纪 60 年代，在这之前并没有"民间艺术"的提法，只有艺术或非艺术，雅致的绘画或民间的雕虫小技。我个人始终认为，民间艺术有其特定的价值，在文化领域独树一帜，是民族历史与精神的寓言。民间艺术始终不是成熟的文化所拥有的语言，虽然有其独特的价值，但终究不能成为文明中最具深度的代表性的文化现象。因为它们大多是自发的制作，没有经过长期的打磨和自觉的审美，只是自发的表达，形成代代延续的模式，所以它们虽然有特定的价值，却不能作为文化中最精彩的那一部分。

张明山先生在传统泥塑的环境中，以文人的视角，也发现了这样一个机巧之处。他在传统泥塑中，创造了一个明显的转变。他希望自己的作品与众不同，与各时期其他的工匠不同，以自己更加写实的作品，创造了全新的雕塑风格。而他的这种风格，几乎背叛了传统泥塑的规则。

这种新风格的起因，一部分是他一开始接触泥塑的时候，就认为泥塑天然拥有更多的表现方法，而传统泥塑过于拘谨呆板，长期的程式化，使泥塑的表现力受到约束。在这种模式中自发的、随性的表达，是没有经过深刻的、自觉的审美经验打磨的。这样的作品，一直在民间流传，而始终未进入社会主流艺术行列。

张明山先生作为传统文人，将传统文人的审美风格有意地融入自己的作品之中，使其作品与众不同。这种不同，体现在作品技法的写实程度上，在作品呈现的真实感上。这种对"真实的美"的追求，使他的作品完全不同于同时代的工匠泥塑，而独树一帜。

另一部分，则是来源于张明山先生对西方雕塑技巧、宫廷艺术与海派艺术的综合吸收。

独特的个性化风格，也使得他在天津的泥塑工匠之中，有了自己独特的名号——泥人张。"泥人张"这个词，是天津特有的语言系统中的一种表达。它是一种带有调侃戏谑的夸赞，是天津人既看不起别人，但是又真诚崇拜有才能的人的矛盾心理的表现。带有一点明贬暗褒的含义。

严振作《张君明山事略》

随着时间的推移，张明山"泥人张"的艺号，渐渐地越传越广，在京津两地，有了着实的名气。

但张明山还是想做一个文人，不想成为职业泥塑工匠。在他小的时候，做泥塑仅仅是为了补贴家用而已，是作为孩子的孝的表示；而做职业工匠，基本上就注定了一生要处于社会的底层而无出头之日。所以张明山先生依旧走传统文人的路线，以求学为主，以绘画为主业，泥塑始终是他的业余爱好。

张明山先生作品《清代人物肖像》

在张明山先生成年之后，他的泥塑作品已经为京津两地文人所瞩目，甚至超越了他的画作的影响。泥塑给他带来的丰厚的报酬，已不再仅仅是补贴家用，而是可以买房置地了。张家在天津逐渐安顿了下来，张明山也娶妻生子、成家立业。偶然接触的业余爱好，无意中成为人生职业主线，甚至艺传六代、绵延近两百年。

张明山先生，从小诙谐幽默、爱开玩笑，但也急公好义、性情耿直。因此生活中有许多偶发事件，影响了他的人生进程。其中有一段时间，北京的一位王爷请他进京为宫廷制作作品，待遇优厚，王爷也敬他为上宾。这位王爷将全国各地的优秀工匠都请到自己府内，给予丰厚的报酬，每日与这些工匠们切磋琢磨，如何将作品做得更加雅致、有度。作品完成之后送入宫廷为陈设。

张明山先生在这里待了两年的时间，作品自然受到了宫廷作品的影响，在气质上都有了宫廷艺术的影子。这种影响，使得民众艺术有了约束。这种约束，使得社会性的艺术，更加符合古典文人的精神境界，增添了泥塑作品的雅致性，脱去了民众艺术粗放肆意和不严谨的特征。

雕塑艺术，就像同时期的京剧艺术，在从民众艺术到宫廷艺术的改进过程中，经历的是文人主动的改良。这种改良，使京剧逐渐成为雅致的经典，形成独特的审美观，使京剧成为需要严苛的技巧，才能完成表演的文人戏曲形式。

民众艺术，经历这种系统的改良机会十分稀少，这种改良并非全面改变民众艺术的本来面目，也非提高水准，而是将传统东方哲学思想演变为文艺思潮，再与民众艺术相融合，形成可操作的技巧，使一种民众艺术，逐步成为经典传统艺术。这种约束、改良，并未限制民众艺术自由与丰富的表达，反而拓宽了其表现力，并且使得其雅俗共赏，欣赏者数量大增、传播地域更广。

这种改良的成功，不仅使得更加雅致的作品受到主流文化系统的接纳，也使得创作者的社会地位一步登天，直接改变了其社会固有阶层。正如故宫博物院前副院长杨伯达先生所言："张明山先生的彩塑作品本身是不同的，他不是塑造了一个皇帝的像，而是其作品本身在宫廷艺术中独放光辉。这也说明张明山彩塑艺术在19世纪宗教艺术一落千丈、难以支撑的情况下，它以异军突起、傲然挺立之势，出现在津门，发展成民众艺术影响津门。"

就传统泥塑而言，当时张明山先生的作品早已融入了西方雕塑技法的使用，而宫廷艺术的浸润，更使其形成了非常独特的艺术风格。他的艺术风格更加趋于完整，已经与传统雕塑完全背离，产生了一种自我的新的雕塑形式。而这种雕塑形式又为当时主流文化所接纳、影响和改良，成为中国古典雕塑在清末最为辉煌的艺术风格。但这一切，来自张明山先生的个人兴趣与求新的个人从艺性格。

两年后，因为偶然事件，张明山不辞而别离开北京，返回天津。但是这不辞而别也激怒了这位王爷，于是全面通缉张明山。为了避祸，张明山只好南下杭州寻找好友画家刘小亭先生。但刘小亭先生已离开南方返回天津。于是张明山先生只好继续寻找朋友，几经辗转，最后落脚在海派画家任伯年先生家里暂住。

在短暂的半年多时间里，张明山先生和任伯年先生秉性相投、意趣一致，结为终生的好友。作为海派艺术的代表，任伯年先生与张明山先生书画往来多年，海派艺术的作品给张明山先生的影响并不多，却对张明山之子张玉亭先生的影响很大。所以在张玉亭先生的作品中，可以明显地看到，其既有张明山作品的典雅秀丽、宁静安详，又有海派艺术的跌宕放逸、随性而成。

张玉亭是张明山的儿子，在十几岁时接手家庭的生活经营，独掌门庭。此时，张明山先生还在南方。他以父亲的作品为师，临摹效仿、揣测用意，经历数年刻苦的磨炼，掌握了更为随性的泥塑语言，以自己的作品确立了自己在社会中的地位和自己的作品市场。数年之后，张明山先生回到天津时，张玉亭先生已经独立持家，也撑起家门独立创作了。

与父亲不同的是，此时泥塑艺人的地位已经改变，张玉亭成为社会中响当当的人物，而并非如张明山先生那时，只是社会底层的民间艺人而已。张玉亭先生继承了父亲的创新精神，独树一帜的创作风格并不在父亲的水准之下，有了自己完全不同的演绎，

张明山先生作品《观书仕女》

张明山先生作品《孙夫人试剑》，现藏于天津博物馆

形成了独有的更加随性、适应民国时代的作品风格。

张玉亭先生的有些作品，虽然题材仍然是传统的，但对当时社会的关注与表达，对当时人物真实的写照，却使其拥有了更多的时代性，反映了作者对时代的关怀，使得文化界对他的作品更为推崇，引之为名作。

同时，张玉亭先生开设专门店铺销售作品。店铺设在当时天津最繁华的商业街"估衣街"上，是一座二层小楼，一层是作品的陈设销售，二层是一些精致作品和在各国获得的奖状奖章。张玉亭先生将泥塑作为自己终生的职业，细心经营，名扬海内外，广收门徒。

随着张玉亭先生年岁渐长，又有了自己的后代，到了民国时期，张玉亭先生和自己的儿子张景福、孙子张铭组成了创作搭档。祖孙三人合作，每日可完成作品十件，销售收益是当时高等教授一年的薪水，亦可在北京购得一座四合院。

丰厚的收益，使得张家在天津可以生根发枝，愈加安定。张玉亭先生将兄弟、子弟送往国外留学，希望他们成为主流文化人。张玉亭先生本人的教育经历也使他更多地接受了新式教育的影响，他是有着传统文人外貌和现代人文思想的新派中国人。这种教育背景也使得其作品有了更多与传统泥塑技艺的不同，但又不逾传统规矩。泥塑，对张玉亭先生、张景福先生和张铭先生而言，是值得奉献一生的事业，他们也以一生的努力忠诚对待自己的事业。

张玉亭先生作品《花袭人》

富裕的生活一直持续到1937年，天津沦陷，作坊停止创作，不再经营，闭门谢客。这一闭就是十年，一直到了天津解放之后，"泥人张"才慢慢地恢复了创作。此时持家的掌门人，已经是我的爷爷张铭先生。他在中华人民共和国成立的十年后，作为天津艺术博物馆的开馆元勋，开始筹备一项新的任务：在天津艺术博物馆内开设培训泥塑工人的学校。和天津的地毯、紫砂等工艺品一样，培训工人生产商品泥人出口换汇，为国家做贡献。

当时的学徒工，每月十五块钱，但与工厂不同的是，工资不因从事工作的年龄增加而增长，这使得许多学徒半途离开，另谋高就。有些学徒参军，有些则另选专业，而到了"三年困难时期"，学徒生活更为艰难。以至于培训班只办了两期，就停止了。

在之后的动乱中，张铭先生受到冲击，身体垮掉了，所以我小时候看到的他，一直是在家中养病。那时他性格依然开朗乐观，但已不似年轻时精神，虽偶尔还有创作，想来也是怀念青春，并非有什么实质性的目的。泥塑也成了他真正的业余爱好，毫无用武之地。那时的社会，全心向往现代化的生活方式，对传统文化弃之不及，更谈不上珍视与保护。

在这期间，我的父亲张乃英先生，也开始了他的泥塑生涯。1959年，天津市文化局局长张映雪先生多次动员我父亲从重点高中退学，加入到家族技艺的传承工作之中。于是，我父亲放弃了高考的机会，加入天津

艺术博物馆，开始了泥塑创作工作。

20 世纪 70 年代，张乃英先生进入天津艺术博物馆做研究员，直到退休。他在从艺生活中经历了种种的不顺与逆境，克服了各种困难，依然坚持开展传统雕塑学术研究，并为我的美术馆积累了大量的作品与史料，为当今泥人张世家的经营与研究奠定了坚实的基础。有他在，才有泥人张世家的今天。

张乃英先生本人的创作，也在 20 世纪七八十年代有着非凡的影响。全国重要的博物馆、美术馆，几乎都收藏他的作品。我个人认为，生不逢时使得他英雄无用武之处，他对泥人张世家的延续，做出了最为重要的贡献。泥塑，对张乃英先生而言，已不仅仅是兴趣、职业，而是他这一代人在那一时期，对传统文化延续所肩负的沉重的历史责任。

张铭先生和张乃英先生的泥塑生涯，一直影响着我的事业。他们对我最重要的影响，是他们支持我可以在体制外，独立经营、恢复作坊，并且建立学术性的小型雕塑研究机构。因为中国古代雕塑实在是没有人去研究，缺乏理论总结，也没有技法理论、审美研究。对雕塑的理论探讨，两千多年来几乎是空白一片，与汗牛充栋的书法和绘画研究的书籍相比，实在是少得可怜。但这也是研究者施展才华的机会。所以他们希望我既有经营，又有研究，可以在前人基础上开拓自己的世界。

我恰好生活在这个对传统文化无比重视的时代。虽然在我小时候人们对传统文化关注不多，但到了我三四十岁的时候，国家对传统文化的重视，已非同一般，我成为这时代的直接受益者。我可以借着这个百年难逢的好时机，做一个都市艺人想做和应该做的事情。

在泥人张世家经历的近两百年的时间里，六代人延续着相同的艺术创作生活。这期间经历了风风雨雨、起起落落，有改朝换代、战争、外族入侵、经济危机、动荡、饥荒，也有繁荣发展。但六代人都秉承了各自的信念与责任感，延续着泥塑的创作。

成长在这样的都市艺人家庭，内心深处始终积淀着"责任"二字。回避责任，才能有创作的自由，我对外也始终不承认对家族技艺传承的责任感，但那种感觉不是一件可以分离的物品，而是与灵魂交融一体、不会消失的信念。我因对传统技艺的责任感，鞭策自己努力上进，并颇有所得；也因责任感而不能脱离传统约束，在个人创作上，故步自封。

无论外界如何变化，张家六代人，始终做了自己认为该做的事情——从兴趣，到职业，再到责任，最后回归为文化。

我的都市艺人生活

传统，是一种不同于现代的生活方式。

传统技艺，是传统的载体之一。

传统，这种生活方式，与现代生活的时间节奏的感觉，空间距离的感觉，甚至温度的感觉，都相去甚远。完全不同的生活感受，使得我们无法回到当时人的心态，也很难理解古人的技法。

传统技艺的从业者，被夹在传统与现代之间，生活得十分尴尬。

有些传统从业者被现代人说为故作姿态、牵强附会、节奏慢得令人烦躁；而有些则被现代人说为借古销售、目的不纯。传统的生活方式与现代人几乎没有理解与共存的可能。

我也是这其中的一员。从文化角度看，传统文化多么的应该为人所理解与珍重，但在现实生活中，传统之所以是传统，就是其已经是与现代完全不同的生活了。

这种不同来自时代的改变、社会技术的发展、对旧的生活方式的淘汰。

人们用上了自来水，便舍弃了打井取水，也舍弃了家中存水的大水缸。缸没有了，缸上必有的年画"缸鱼"也消失了。这种改变，我是亲身经历。小时候帮爷爷奶奶往缸里打过水，这过程十分有趣，但在生活中特别不方便，几次之后，就有意回避这项工作了，宁愿做谁也支不动的"懒汉"。我不愿意再回到用水缸的日子了，就算它是"非遗"，我也要用自来水。但我的朋友还在印制缸鱼版画，这令我十分惊奇，我不知道他想卖给谁。当我询问时，他说这是传统，现代人不应抛弃。应该理解，毕竟可以贴在家中作为装饰，或者作为送人的礼品。但我觉得缸鱼版画还是进博物馆为好。

传统与现代的生活不同，传统生活方式是为消磨大量的闲暇时间，而当代人自然无暇参与其中。

在这种矛盾之中，传统很难回到当下生活，因而从事传统技艺的人，总是生活在自己寂寞的世界中。

我尤其如此。

作为这个传统家族第六代的我，在这个家族里从小就有一个位置，一个奇怪的位置。家族一边希望我可以继承家族传统技艺，成为新一代的创作者；一边认为我过于木讷害羞，并没有能力完成这项工作。加之当时的社会崇尚现代化的生活方式，传统技艺已经边缘化，也就对我要求随意了。我始终感觉自己是在家族殷切的希望与否定的认知之中，来回转换。

但这对我影响并不大，我只是想说，如果谁认为，儿子继承父亲的祖业，是手把手相教授，在殷勤希望中，顺水行舟的话，那一定是自命不凡。相反，在这个家族中，几代人之间存在着着实的竞争与对抗。

我和我的父亲，因为工作上的原因，虽彼此关心、父子情深，但又彼此隔阂、难以调解。我住得离父亲很近，两座楼只隔一条街，楼和楼之间可以隔窗相望，但我们两个好像都不能化解开一道心墙，就这么一直对抗着。每年，只有大年初一才见一次面。

平常我通过微信的朋友圈故意发一些工作状态，想让他看到我的工作成绩，而他也是通过我的姐姐表达他的认可。每年难得的一次见面，也不会很愉快，我们好像都不知道是为什么，既没有激烈的冲突，也没有争执，仅仅是内心对于事业的执着，阻碍着父子之间的关怀。这种始终存在的隐隐的对抗，一直持续到他离开前的几个月。身体虽然还算健康的他，好像预知自己即将离开，让我每天晚上过去坐坐，肯定了我十几年的努力，

第五代泥人张张乃英先生

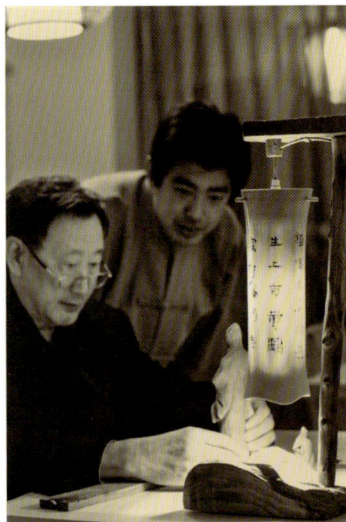
我与父亲张乃英先生

我走的时候会送我到楼道，充满着不舍。父亲对我很重要，以致他走后的一段时间里，我失去了工作的方向。工作成绩对我而言，没有他的关注，便失去了意义，我变得不知所措。

我的父亲是一位绝对孝顺的人，对我爷爷奶奶的要求言听心从。虽然这引起了我母亲的一些抱怨，但她仍然是支持他为我爷爷奶奶做事情。在我一两岁时，我父亲晚上很少回家，要住在爷爷奶奶家，陪伴照料他们。我父亲和他的姐妹弟弟，一直辛苦照料了父母十几年。

虽然如此，我父亲始终认为，我爷爷做的事情有些偏颇，但他也理解。从清末到中华人民共和国成立之后，为了保证家族的延续，事业的递进，要和各色人等打交道，也实属不易。一路走来，我爷爷吃了很多的苦，做了很多无奈的选择。所以我父亲和我爷爷之间，也有许多的隔膜，但他们没有机会面对市场，展现自己的才能，只是在体制内按部就班，彼此的矛盾并没有显露出来。他们更多的是在充满着对社会和对自己人生的无奈之中，尽自己对家族技艺的历史责任。

张玉亭先生和他的父亲隔膜较少，是因为一个恰好的时机，即在他成长的时候，父亲在南方，而在他成名之后，父亲才回到天津。这个时机避开了两代人换代时的矛盾，使得社会对两个人有同样的认可与尊重。张明山先生天性逍遥，无心经营。儿子可以成家立业，顶门立户，自己正好可以逍遥地做一个老太爷，颐享天伦之乐。

他们两位在事业上没有交集，彼此独立，各行其是。虽然张玉亭先生在成名之前，刻苦学习，颇受一些苦难，但在这之后，生活加倍偿还了他。

但张玉亭先生和自己的儿子张景福先生，则没有这么幸运了。

其实很长一段时期，在作坊中，第三代的张景福创作水准最高。他不但要帮助父亲的作品完成泥稿最终的整理，还要负责彩绘的工作。但这些作品都是以父亲张玉亭先生的名义对外，人们对张景福先生几乎没有认可。在作坊中工作的第四代张铭先生，则甘心奉献，毕竟属于自己的时代还要很久才能到来。

张景福先生夹在其中十分难堪，他想超越父亲拥有自己的"天下"。于是他南下南京，北上北京，两次创业，但都遇到意外的时运挫折，铩羽而回，回到天津作坊中充当配角。事业发展的不顺，父亲的压制，使他长期郁闷，甚至因此在壮年就因病去世。以他的症状而言，就是现在的抑郁症，很严重的抑郁症使其神智迷失，过早去世。

他的夫人——我的太奶奶却是一个极为乐观强韧的人，和我爷爷一起带着家庭，平稳地走过了许久的时间。

这个家族中，互相的矛盾与挂怀、悲观与乐观，彼此共存，只因一门古老的技艺。

家庭中，同业的两代人之间的隔膜，似乎注定且无解。我曾经希望打破这个困局，但未料到，自己却深陷其中，似乎成了最不堪的那个。

我想这局面可能和我小的时候经历有关。

在刚两岁的时候，还不太会上楼梯的我，就已经在幼儿园里整托了。每周我只有一天可以回家。而仅可回家的那一天，家庭中的氛围也不会很阳光，总是充满着父亲的缺席与母亲的抱怨。母亲因为肺结核初愈，经常会吐血，有时她会让我看，同时抱怨父亲只顾父母不顾自己的家庭，我对此无能为力，只是变得愈加的内向。

在其他日子里，规则与规范、符合别人的要求，是我生活的全部。它不仅是亲情的疏离，而且是独自面对在陌生空间生存的窘境。我就像一只受惊的小动物，随时想着如何适应环境活下去。虽然幼儿园不是那么可怕，但幼小的我内心却是如此。在四年的独立生活之后，我主动要求提前上学。我认为，长大可以解决所有的问题，只有长大，才可以帮助父母解决问题，有和睦温暖的家庭。但我当时并没有意识到，这才是我最大的问题，以至于在我成长之后，一直在寻找更为强壮成熟的自己，却总也找不到。

因此在我的作品里面，总是充满着过于沉静约束的气氛。人们从中感觉不到他们希望看到的热烈、欢快。那种欢快的情绪，对我来说简直是糟糕透顶，在我的作品里，我绝不允许它们出现。可我又做不到祥和的宁静，只有忧郁、深沉。

所以我知道，我就是问题的本身。

不仅和父亲有着十几年的冷战，我周围的各种人际关系也总是发生问题。

每天上班和自己一手创建的企业打交道，这令我十分的紧张与不安。到现在我仍然害怕与人打交道，小时候的那种外来的约束与规范，好像一直在影响着我。我会把别人说的话很当真，反应过度，把一切都搞得紧张兮兮的，有时候自己都会很讨厌自己。

小时候的经历，让我对外界的反应过于敏感。总是生活在自己臆造的麻烦之中，尽管事情其实很成功。

比如，我想安排助手去帮我把一件作品搬过来，我马上就会想到，那泥还很软，他会用力过度，伤害到我的作品。

或是他拿的时候，罩作品的塑料袋会很滑，他可能会让作品掉在地上。

抑或他根本找不到我的那件作品，因为他从来就不关心我的创作。找不到作品，他又会来问我，那会让我更加烦闷，与其向他说明还不如我自己去拿。

即使我告诉他，他依然会出现前面的问题，损害我的作品，然后一脸歉意地跟我说对不起。而我要独自承担所有的损失，却对他的错误无能为力。

这些令人讨厌的头脑的提前预警，恰好经常变为现实。在这样的提示中，我深陷其中难以自拔，几乎没有办法与他人合作。但万事靠自己，也不太可能。所以我成了自己最大的问题。

好在，我自己可以意识到自己的这种状态，并渐渐摆脱这种麻烦。现在总算有了好转，或者说稍有好转。

现在的我可以暂停头脑中那些过早的预警。对我而言，承担真实的损失，并不是我所害怕的，而那些头脑中虚幻的预警，才是真正困扰我的问题。

在工作中清醒地觉察自己内心的幻想。问题不在别人，永远只是在自己的内心之中。别人的形象也随着我自己认知的改变而改变，随着我对他们看法的改变而改变。他们没有错，当然也不是全对。但是我更加了解自己，我才是自己和别人相处最大的问题。

在我这个都市艺人的职业生涯中，这种自省与觉察，是传统技艺对从业者的内在要求。作为传统文化的载体，传统技艺的修习过程，对从艺者本身是有着觉醒与觉察的要求的。现代人对这种内在要求，并不会理解，也不会操作。人们将其视为玄之又玄的虚无，或者干脆称其为噱头。传统与现代，在此处真正的隔离了，并且现代思潮拒绝化解这种隔阂，二者愈行愈远。

现代人对传统器物的欣赏，大抵有着猎奇与显摆的意味，人们认为自己掌控了传统，挽救了传统。就像人们说自己要拯救地球。其实，地球根本不在意人类，适应它，人存在；不适应，地球依旧在。传统与当代人之间，彼此自说自话、互不相干。

在这种不理解中，我的处境是外在颇受人欢迎，作品销售也是极好，但内心孤单而无知音。我像是作为一个传统人穿越到了现代，和小时候一样，在陌生的环境中、在别人的规则里，寻找自己生存的方式与空间。

于是，我选择了做一个独立经营的都市艺人。

泥人张世家历史

百年御匠世家，父子六世相承

泥人张世家是中国古典雕塑的创作家族，历经一百九十余年的传承，至今传至第六代泥人张——就是我。我在继承家族传统技艺的同时，致力于保护传统技艺的生态环境，维护泥人张世家绘塑老作坊的运营，设立了非营利机构"泥人张美术馆"，开展雕塑文化的推广与研究。

泥人张世家的起源

清道光六年（1826 年），张明山先生出生于浙江省绍兴山阴，取名张长林。父亲张万全，是一位绍兴师爷，在张明山三岁的时候，受官员雇佣，携家眷来到河北省深县（今为深州市）。三年后，官员卸任，失去雇主的张万全，带领全家来到不远的天津暂居。

张万全先生在天津老城城外，天津商业繁荣民居众多的西北角租屋定居，以私塾为业，暂时度日，期待有同乡能介绍官员让他继续幕僚职业，或择机返乡。此时张明山六岁，开始随父亲读书。

当时，天津是北方的重要商业城市，也是交通枢纽要地，经济正在快速发展，西方文化也慢慢进入，是一座生机勃勃的城市。传统文化与西方文化开始在此交融碰撞，各地的商贾、学者、实业家定居于此，形成独特的地方文艺风格。也因天津市民较高的文艺评判标准，戏曲等行业演员要在天津得到认可，才能成为全国知名大家。

在张明山十几岁时，张万全一家已经不愿离开繁荣的天津，开始定居下来。张明山随父亲读书成绩斐然，并兼习书画，成为天津著名的画家。张万全将故乡山阴两字，倒为阴山，再改为明山，作为张明山的字，张明山以字行世。

泥人张世家流传

在张明山先生一心求学，潜心诗画的同时，他的另一项技艺却为世人瞩目，并使他的经历成为后世流传的故事——他的泥塑技艺。

在张明山小时候，因为刚来到天津，家境清寒，便在学业之余，随着附近的邻居找些事情，补贴家用。在当时，西北角有许多的窑工，会捏一些泥制的文具或人物出售，张明山便加入其中，也尝试着制作。

张明山创作的作品，一改传统样式的模式化，以写实的手法，描绘真实的人物。这种写实手法，又加入了西方小型雕塑的技艺，形成其独特的雕塑风格，在十几岁时，便独树一帜，远近闻名。

到十八岁时，他的泥塑盛名已在京津两地广为知晓了。

二十多岁时，张明山先生受北京一位亲王邀请，赴北京生活，并为宫廷制作陈设。在这段时间，张明山先生的作品风格中，除了传统泥塑的线条流畅、西方的写实技巧外，又加入了宫廷艺术的规制，更为深沉。

在北京生活了两年多的时间后，因为偶然事件，张明山先生离开北京，赴上海生活了一段时间，之后返回天津，继续天津的生活。在书画之外，亦有泥塑创作，至八十岁，偶感风寒去世。

老天津照片

张明山
第一代泥人张
1826—1906

张玉亭
第二代泥人张
1863—1954

张景福
第三代泥人张
1889—1945

张　铭
第四代泥人张
1915—1994

张乃英
第五代泥人张
1943—2017

张　宇
第六代泥人张
生于 1978

张明山先生的儿子，张玉亭先生也学习了泥塑创作。与父亲不同的是，他将泥塑创作作为主要职业，并取得了更为广泛的声誉。

张玉亭先生，十几岁时便已成名。他的泥塑风格简洁、洗练、线条写意。张玉亭先生的作品主要销往欧洲和日本，亦有少量在北京、山东、广州销售，留在天津的作品反而很少。

张玉亭先生和儿子张景福先生、孙子张铭先生，组成泥人张世家老作坊，既合作作品，也独立创作，是为泥人张世家最为兴盛的时期。

第三代张景福先生，才华出众。在作坊工作，虽可以独立创作，但仍受到父亲的盛名压制。所以，他曾到南京和北京开设自己的店面，但因为时局动荡，未能长久，后来又返回天津，在作坊中工作。

第四代张铭先生，自幼在作坊中一直工作。张玉亭先生后期作品彩绘均由张铭先生完成。张铭先生技艺老练，尤擅丹青，勤于创作，并在 1950 年，婉拒周总理赴京工作生活的邀请，在天津照料张玉亭先生，直至张玉亭先生九十余岁逝世。

张铭先生参与了天津艺术博物馆的设立，并一直从事泥塑的创作工作。

在 1956 年，张铭先生让儿子张乃英开始了职业泥塑生涯。张乃英先生自幼跟随太爷张玉亭先生生活，是张玉亭先生最为喜爱的后代。张乃英先生学业优异，才华出众，很快便成为作坊新的一代掌门之人。

张乃英先生，创作颇丰，在传统技艺作品中，着力重新建立传统标准，进行审美保留的艺术创作。在自己的泥塑语言中，也有着非凡的作品。

张乃英先生在创作之外，也致力于对我的培养，在传统文化衰弱的时代，完成对下一代的培养。

我自幼随祖父张铭先生、父亲张乃英先生学艺，耳濡目染。作品逐渐有了自己的风格。在十八岁时，接受父亲的嘱托，主持老作坊的重新设立。经历二十余年的努力，在创作之外，完成了传统艺术的生态环境恢复，并建立了"泥人张美术馆"，开展更为广泛的文化研究。

泥人张世家历代介绍

张明山（1826—1906）第一代泥人张

张君明山，祖籍浙江绍兴，六岁随父来津，八岁学艺，十三岁已能独立创作，十八岁成名，人送艺号"泥人张"。

张玉亭先生、张景福先生和张铭先生一起在老作坊创作

泥人张老作坊原址

张玉亭先生在老作坊创作

张乃英先生为电视剧《泥人张传奇》制作头像

张明山先生继承中国本土雕塑的风格，并融合西方雕塑技巧，创立了近代小型架上雕塑的典型风格，成为一代中国雕塑大师。

其一生创作精于人物肖像，此外也涉及戏剧人物、社会风俗写生和经典文学故事的题材。据南开大学创始人之一严修先生所著《张君明山先生传略》记载："其生性开朗幽默，与人交谈好作谐语，而欢声笑语间，便在袖中抟土为形，片刻而成肖像一件，出神入化，引人称叹。"其作品大多赠送好友，出售时则价格昂贵，并因数量稀少，大部为清宫廷、富贾所藏，亦有少数流传海外。

张明山先生一生，身怀奇技，家道殷实，但也因此不乏传奇精彩，既曾入京为清廷御用匠师，又为避清廷通缉，而游遍中国，至晚年寿终，留下无数传奇逸事。而今，其留下的作品更成为稀世珍品。

张明山先生传艺于第五子张玉亭先生，是为泥人张第二代。

张玉亭（1863—1954）第二代泥人张

张玉亭先生，经长辈挑选，自六岁起便师从父亲，刻苦习艺，一生兢兢业业，主持泥人张世家老作坊六十余年。

张玉亭先生精于塑道，青年时代便与父亲齐名。父子二人的作品，实为近代雕塑史上的杰出代表。张玉亭先生在创作上继承了父亲的风格，但在题材上有所创新：除了文学故事，戏剧人物等题材外，更加关注市民生活。他将一个个善良鲜活的民众形象，用浪漫的写实主义手法，凝固于一件件作品之中。为那已缥缈而去的城市形象，留下了张张剪影，而这往往使观赏者沉思于那就是我们曾经的城市吗？那些"贩夫走卒"没有丝毫的市侩俗气，是那么的安静、祥和……

张玉亭先生传艺儿子张景福和孙子张铭，祖孙三代共同以精湛的技艺，使泥人张世家蜚声海内外。

张景福（1889—1945）第三代泥人张

张景福先生，幼年进入老作坊学艺，出师后用大多时间辅助父亲的工作，同时自己也创作了大量反映现实题材的作品。

在这一时期，张景福先生将家族艺术影响继续扩大，曾到南京和北京发展事业，并且增加了海外展览的机会。通过不断的艺术交流，扩大了"泥人张世家绘塑老作坊"的艺术影响。

作品现存于赫尔辛基博物馆、天津博物馆、天津泥人张美术馆等地。

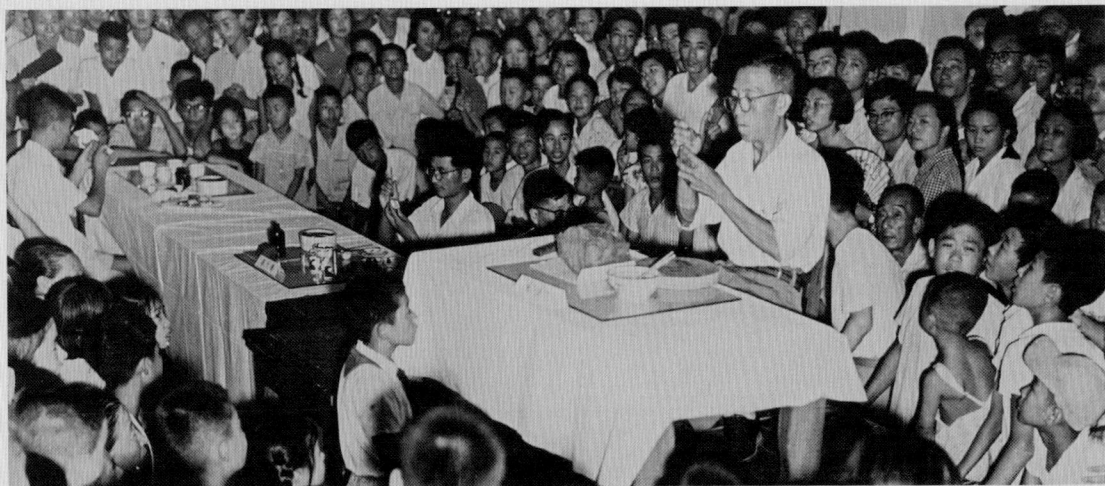
张铭先生在学校讲座

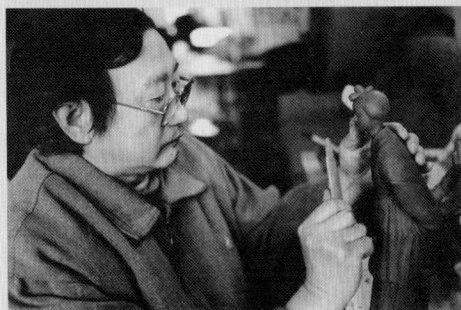
张乃英先生在创作

张铭先生修复辽代塑像

张铭先生与张乃英先生在一起创作

张铭（1915—1994）第四代泥人张

张铭先生，张景福之子，自幼进入老作坊学习。虽拜父亲为师，但大部分时间是随祖父张玉亭先生学艺。张铭先生技艺精湛，尤擅仕女彩绘，作品恬静娴雅，人物眉目含情，其特殊技法尤在祖辈之上，作品远销海外。中华人民共和国成立后，张铭先生谢绝了周恩来总理的赴京工作邀请，安于天津的风土，课子教孙。

张铭先生传艺于儿子张乃英先生并着重教导孙子。

张乃英（1943—2017）第五代泥人张

张乃英先生，张铭长子，自幼被第二代张玉亭先生挑选，随长辈学艺，经十数年的苦学，博采众家技法之长，并将之系统化、理论化。

其为中国美术家协会会员，被联合国民间艺术组织授予"一级工艺美术师"荣誉称号，享受政府特殊贡献津贴，曾任第七、八届全国政协委员，多件作品被中国美术馆收藏，并特聘为博物馆专门修复古代泥塑作品。

张乃英先生同时还兼任"泥人张世家绘塑老作坊"艺术总监，负责作坊出品的艺术品品质管理。并且经四十余年的收集、整理，成立了私立"泥人张美术馆"，系统地对泥人张世家各代的优秀作品进行收藏，并在海外组织专题展出、演讲和普及教学活动。

张宇（生于1978年）第六代泥人张

我，张乃英先生之子，自幼进入泥人张世家老作坊。随祖父张铭、父亲张乃英学习传统彩塑技艺，历经十余年的传统学习，逐渐开始独立创作。我的作品兼顾前辈之长，使用家族祖传传统技法，所作作品色彩纯雅、线条流畅、栩栩如生。作品曾被中国美术馆收藏，并被中国文联评为"中国民间文化杰出传承人"。在继承泥人张彩塑技法外，我更致力于"泥人张世家"传统手工作坊的生产经营方式的保护。在使用"泥人张世家"名称经营时，更加注重其所蕴含的文化现象。通过几代人的努力，以完整保留继承为宗旨，在技法传承、作品创作、销售经营等各方面保留"泥人张世家"这一著名雕塑作坊的精粹。

现任天津市"泥人张世家绘塑老作坊"总经理和"泥人张美术馆"馆长。

第 二 章

CHAPTER Ⅱ

————

我和
我的作坊

坊，工匠汇聚之所

————

现代的青年生活学习方式，使得传统审美和技艺失去传承的空间。所以二十多年以来，我致力于保护传统制作作坊，希望其在传统的技艺生态环境中，完成艺术技艺的自然生长。在现代的学校教学方式下，传统技艺的传承方式受到了限制，使得技艺的演变与竞争逐渐弱化。传统作坊严苛的技艺学习，使得技艺更趋极致。个性化的要求，使得创作的作品风格更加张扬。

百年作坊

我的企业名称是"天津市泥人张世家绘塑老作坊"。

名称中的"绘塑"两个字，来自徐悲鸿先生的一个提议，他觉得张家这样的雕塑世家，在彩绘技法中有很多的绘画晕染技巧，以突出作品的立体与陈旧的感觉。这种技巧与传统的彩塑所使用的"随类赋色"的颜色平涂方式区别很大，为了以示区分，他提出了"绘塑"的概念。"绘塑"虽然比"彩塑"要拗口，人们也很少听到这个概念名称，但是我觉得用"绘塑"来称呼张家独特的雕塑风格，还是比较贴切的。

同时也因为，"泥人张世家"之前是以绘画和雕塑共同为主业的，因此我使用了"绘塑"作为企业的名称。

　　"作坊"，是我在构思传统技艺，在现代社会中经营时，唯一认可并追求的经营组织的形式。"作坊"这个组织方式，受到很多当代人的诟病。他们觉得我可以显得更"高大上"一点，可以显得更现代一点。但是我坚持用"作坊"这个词。

　　因为我认为，只有在作坊中，才会有培养优秀工匠的可能性。在学校的教育中，不可能培养出优秀的工匠。学校教育，是现在通行的工艺行业职业工匠教育方式，运用理论学习和实践操作的教育方式，确实是工艺技术培养上的一大进步。它使得职业工匠可以拥有更为有效地开放的学习机会，但这只是理论上的进步，理想化的结果，它所培养的只能是初学者而非成熟的职业工匠。更为深刻的教育，只有在工作中才能开始。

　　近百年才有的学校教学方式，十几个人或几十个人，坐在课堂里昏昏欲睡地听一个人讲课。师生之间没有任何的情感联系、利益纠葛。只是一位上班、一群上课，彼此可以出工不出力。虽然这样说未免恶意地揣测了师生的努力，可我所接受的师生抱怨，总是证明了这一不堪的事实。

　　师生间，既不用为彼此的未来负责，也不用为彼此当下的作品负责。大家都是好好先生、好好学生，你好我好大家好。这样的环境，虽然也会有尔虞我诈、小小的技艺竞争，但那都是小儿科了。这种争执，比起职场上以人生的收益为代价的竞争历练，实在不值一提。在这种温文尔雅的学习环境中，大家都喜欢说些云里雾里的话，彼此吹捧，即使暗中贬损，但绝少会正面冲突。

　　但是作坊里就不一样了，学徒或学生必须对当下的作品负责。

他必须要保证作品完美到可以代表作坊的名义出售。这种要求，就使得老师对他有着非常严格的要求与监督，而他也必须严格完成这样的要求，因为不会有人为他的失误买单。自己必须对自己当下的每一项工作完成后的效果负责，以自己职业上信誉、荣誉和职业前景为筹码，独自承担所有结果。

尤其在当下充斥观念艺术的美术院校，大家都在维护着虚假艺术背后人际关系的平衡。那不需要社会人士的参与、以学院为学术权威的艺术，也只是圈里人自娱自乐的无聊的抄袭活动。他们虽很优秀，但也离不开学院的包装。

在作坊里，学生们必须承担来自社会的理解与认可的压力。

当代艺术中随性地表达的作品，只在美术界风起云涌，却不能进入文学、摄影、音乐等艺术领域。这和社会对美术品的无需求有关系，人们受不了环境中有自己不喜欢的音乐，也不关心看不懂的文学作品，却不会对不理解的绘画作品拒绝或回避，反而视若形而上的深奥之作，这种生理上的宽容，使得美术界可以更为随意。

作坊里的工作，更像是音乐与舞蹈，传统与当下的风格都可以存在，但你的表达要与社会达成一致。

艺人在自己的世界里自吟自唱，是最为自由而真诚的，是人类最纯真无邪的艺术。这种自吟自唱，不应要求社会理解，要求别人认可，甚至学习。偶有知音，便是人生幸事。任何人都无权对别人这自吟自唱的艺术，提出技术上的质疑或其他要求。但这不是作坊的主要工作，作坊的技艺语言需要与社会达成一致。

除了要和复杂的社会达成相互理解以外，作坊中的学徒似乎永远都有一个隐隐的召唤：有朝一日，要自成宗师挑门立户，"干掉"现在的老师。

无论作坊中师生情感多么的亲厚，甚至于说成了家人，都不可能否认这种冲动的存在。但这种冲动也使社会生产力有了良性的更迭，就像战争可以使武器发展。这种替代的欲望，残酷而无情，甚至有时会有不道德的因素，但却是技艺真实的传承、发展的动力之一。我始终不相信传统文化中，尤其是工艺行业里，会出现纯粹温情脉脉的传承。

只是有时，这种替代来自自然的更迭。

以前，医疗条件不是很好，日常体力劳作会影响人们的健康，眼力、体力比现代人退化得快。一般的工匠，到了四五十岁就不能很好地完成工作了。在三十岁收一两个徒弟，出师后，留为家人，或接手自己的事业，确实是明智的选择。由这样的徒弟适当地赡养自己，也是社会伦理的一环，解决了许多问题。但是能够从社会上获得生存的资源，是所有的前提，这使得作坊就像草原上的角马，弱者随时会被淘汰。

作坊，才是培养职业工匠最为理想的战场。现在的淘汰率会很高，但这是职业工匠必须要过的一关，否则的话，我还是劝他们去学校当老师，或者进博物馆那种"避难所"为好。

人们认为作坊过于传统或者应该消失，也是有道理的。

传统的作坊里面，技艺稳定得像可以在一条轨道上延续发展。就像"鲁班"确定了木匠的基础之后，后代木工一直在延续这项技艺，从来不会改变它，只是在它的轨道上继续向前发展、不断完善，使得技艺更加精致。

在这种作坊中的工匠，只允许掌握技术熟练程度为优良标准之后的技术改良，而绝不强调个人的创新。他不能够完全地背叛之前所有的标准和技术，只能做改良，或者更加精细精致，或者更加繁复，而不能推倒重来。

也因只是强调对过去技艺的熟练程度，而不希望看到个性的改变，工匠在其中一般被称为瓦匠、木匠、铁匠……最后失去他们的名字。因为这种作坊要求，以从业者的社会属性掩盖他们的个性特征，他们不需要有明确的个性标记，甚至名字。他们只需要完成既有的技艺练习即可，不需要明确的个性化特征。

这样的作坊是以提供社会所需的实用产品和服务为宗旨和目的。在工业化生产之后，工场中的机器绝佳地替代了丧失个性化的工匠。工场，这样的提供商品和服务的组织，凭借高效率的工作，以更精致的商品，更低廉的价格直接取代了作坊。当更加低廉而精美的商品和更快速而稳妥的服务出现之后，低效率的手工操作注定要被淘汰，虽然人们对它抱有怀旧的情怀，但在购买商品时，人们仍然会向机器投票。这一替代的过程，是既定的事实，不是可以争论的未来。

传统的手工技艺作坊必然消失，是历史的进步。这不仅解放了众多手工业者繁重的工作，同时也带来了人们对往昔的怀念。"无可奈何花落去"的惆怅，也使得一些工匠秉承旧旨，坚持手作。这种做法十分令人钦佩。如果可以解决购买者的数量少和缺少竞争带来的技艺退化的问题，人工制作便可持续下去。但这两个问题，都不容易解决。我个人认为，一旦需要匠人解释人工与机器质的区别是什么的时候，作为工作的人工制作，就可以放弃了。将制作交给机器去做完成。

匠人解散这样的作坊，无损荣誉，反而是顺势而变。

与此同时，又出现了另外一种作坊，这种组织虽然也是以提供商品和服务为目的，但是在工作中却充满着某一个人的强烈的个性特征。

不再以熟练掌握之前的技艺为标准，而是由作坊的创立者，设立全新的行业标准，以己为宗师。而且在创立者的这种强烈的个性影响下，作坊中其他的人员，都要生活在他的"阴影"之中，成为他的助手。

他们不再致力于完成之前的技艺或作品形式，不再致力于熟练掌握之前的技艺。他们自立标杆，独树一帜，以己为开宗之师，致力于建立完全不同的行业标准，独立创造出自己存在的价值。社会也给予其极高的响应与推崇，使之无可替代。他们是一个行业的大师。

张明山先生和张玉亭先生，都无意中创造了这样的个人作坊，并对行业影响深远。

这间作坊里，并不是以对传统技艺掌握的熟练程度为标准，而是以创作者是否有独特的个性，为最重要的评判标准。只要是不一样的烟火，就有存在的价值。这样的做法在现代，才是真正可以支持传统工艺存在的组织形式。它提供了更广阔的创作空间、更宽松的评判标准和更独立的表达方式。

但可惜的是，绝大部分工匠却对此视而不见，依然想成为第一种作坊的继承者。他们在输于机器之后，依然保持倔强的自尊，少数的怀旧者试图以蓬勃的情怀，恢复自己的情怀世界。他们执着而可爱。

我想做第二种，因为只有第二种作坊才可以在当下实现有序经营。当然这种作坊对工匠的要求也是独特而严格的，我在追求成为这样的工匠，但能力有限。

我还是选择了"作坊"这种组织形式，作为我的技艺的载体，作为我培养职业工匠的载体。"作坊"承载着我的希望与奋斗，延续着百年家族的技艺脉络。

助手是有限的帮助

在现在的美术学校体系内，并没有职业工匠的教学设置，大家在"叫嚣"着培养艺术家。我很难理解，将学习成绩不佳的高中生，低分收录后，如何经过四年的学习，培养成艺术家。我还需要和这些艺术家别扭地合作，完成他们不喜欢的工作。

有限的帮助是他们可以不出错。持久的修炼，使他们总是会出错。不是眼高手低，只是眼低而已。

助手总是我一天工作中，最为烦恼的事。

有一次我和一件作品，在创作的时候心有灵犀，只用了两天时间就完成了大部分的创作，经过细节调整之后，作品的干燥过程也非常顺利，没有裂纹，完美地完成了作品的前期工作，进入烧制环节。

记得是当天早上六点，我的助手去开窑准备烧制，因为提前一天作品已经摆好，温控设置也已经完成，只要一按电钮就可以通电开始正常升温了。烧制的升温曲线，是我事先调整好的，只需按照既定的温度逐步来烧。

当天早晨六点多，我的助手突然给我打电话说，温度不对，一下子到了三百摄氏度，已经十分钟了，问是不是有问题。

当时我的睡意全无，一下子就精神起来。我说，赶紧停下来，别说十分钟了，只要出现这个数字就应该马上停下来。

停温之后，我说，刚才炉内有没有什么声音？他跟我说，刚才应该好像是有炸裂的声音。然后我就让他打开窑门，升温只有十分钟，看看作品的状态是不是完好。过了一会儿他打电话回来说："对不起啊，作品烧坏了，炸掉了。"

这对我来说是个沉重的打击，因为经过了一两个月的创作时间，一个月的阴干时间，它是我完成非常完美的一件作品，制作和晾干过程几乎没有裂纹，如果顺利完成烧制的话，只再需要一两天我就可以完成彩绘。但一切却在常识性错误中损坏了，而我得到的只有一句"对不起"。

当时这个沉重的打击是非常令我沮丧的，因为我一年可能只有一两件这样随心所欲的大体量作品的创作。没有任何办法，一切已经发生了，我只好顺其自然，我没有任何理由可以去处罚，而且处罚也于事无补。合作者一切都是意外，但这个意外如果是我自己在场是绝对不会发生的，自己不在就难以避免所有的意外发生。如果我自己要在每一个工序全部在场的话，那么时间是没办法满足要求的。

类似的事情很多。有些作品我晾在桌子上，告诉助手帮我看一下状态，我这几天要去做别的作品，帮我盯住作品的状态不要过干，隔两三天的喷点水让它保持良好的状态，但一过就会发现助手忘了这件事情，作品已经硬到难以再继续创作，这意味着如果我继续做下去的话会非常困难，我已经失去了创作的动力和那种对柔软泥料的把控能力。我面对的是非常需要力量的雕刻，而这种雕刻和之前对柔软泥料的捏制是完全不一样的处理方式，这个作品已经失去了再做下去的意义。

可如果不做下去，我之前所有的工作就全都付之东流了。对助手来说，他可能只是有一两天因为忙着别的事情忘记了这件事，但对我来说，我两三个星期的工作和等待时间全部毁掉了，这是令人十分气愤的。

我在表达气愤的时候，往往收获不到对方的善意回应。对方有的时候会有歉意并寻求解决的方法，如"你扣我的工资吧"，或者说"今后我会注意这些问题"，但对我来讲，我很难再去信任他，让他为我之后的工作提供协助。一切的默契关系都被打乱了，在这种关系中，我有的时候不知道是应该继续合作下去还是马上换人，因为这两者对我来说都是比较艰难的选择，我都要面临情感上的纠结和具体事物上的一系列的重新配合磨合，也包括面对再次失败的担忧。

这类事情经常发生，每当这时候我就会想起那句古话："打虎亲兄弟，上阵父子兵。"虽然这可能并不是解决问题最好的方法，但是在所有的解决办法中没有比这更好的办法了。

作坊中的职业工匠往往都选择独立工作拒绝合作。对助手则是非打即骂，在我的观察中，这种非打即骂往往可以促进助手很好地完成工作，因为对责罚的恐惧会激发起他那百分之百的责任感，从而可以良好地完成工作，虽然这么说可能不太公平或者不太道德，抑或是现在的人际关系不允许这样的事情发生。

但是讽刺的是，在社会实践中，这好像是最为简便而有效的一种方式。身份的差异，恐吓羞辱，反而会激发起从业者的责任心。有些时候这样培养出来的人反而和老师变得更加亲近。但是我做不到这一点，我的人生经验和我的情感道德，都不允许我进入到这样的一种状态，所以我一直在与合作者纠结，在承担他们的失误给我造成巨大风险的担忧之中完成每一次工作。

传承——教授学生，理想主义的愿望而已，执业者才有权利评述此事。

师徒非父子

古人云："打虎亲兄弟，上阵父子兵。"工匠在以自己的艺术作品为生存保障时，对作品严苛的要求，就超越了票友或者爱好者所处的境界，作品必须拥有绝对的竞争优势，在市场中处于顶级位置。因为在工艺界公认的第一名，会占有整个市场资源的百分之九十，而后面所有的人只能分百分之十的份额。所以无论你的作品价格是高是低，技艺的排名永远是最为重要的，是生存的保障。

在这种严苛的条件下，就要求工匠的技艺必须既有速度，又可以完成市场的需要。对工艺流程来讲，它的每一步骤都牵扯到最终完成的作品是否足够优秀，每画一笔、每一种颜色、每一处的修整打磨，都有可能影响最终完成作品的精细程度。所有这些都在于对细微处的把握和丰富的经验，才能够让其产生优秀作品，其中最为关键的是从业者的责任心。

因为这些工匠在工艺开始或者制作时，很难界定是否做得正确抑或工夫是否到位，只有在最终作品全部完成的时候，作品才有可能显露瑕疵，抑或是作品放置一段时间之后才可能看出工匠在制作期间的偷工减料。而在这时仅靠师徒关系是很难有效地监督和把控全部技术流程的。它需要靠每一个流程的操作者有十足的责任心，从而及时对最终结果进行预判。

这时就出现了学徒、雇佣工匠与家庭成员之间的天壤之别。当然这里指的是绝大部分的情况下，也会有例外。家庭成员因为彼此的亲情关系，生存的彼此依赖及对未来继承产权的期许，抑或仅仅是相互之间的信任的情感都会互相监督，尽全力来完成作品，来保证作品最终的优秀，以维护团队的整体利益达到最好的状态。

作为雇佣工匠这方面几乎不会有良好的表现，这是因为工作紧张所带来的压力。工作如果想要做到非常负责，并且对完成品有良好的把控和预判，就需要非常小心翼翼地对每一个步骤，甚至每一个动作进行把控，这会让操作者十分的疲劳。在没有情感支撑的情况下，这对一个受雇佣的职业工匠来说是极为过分的要求，因为在这其中他看不到如此的仔细，对自己的职业发展有任何的帮助，在他们看来，实际上他是在帮助自己竞争对手变得更为优秀，对自己是没有任何有效帮助的。

他们所想的只有一点，就是我如何才可以有一天推倒为之工作的工匠，取而代之让自己成为最优秀的那一个，并且争取掌握现在的市场资源。这种背叛在工艺史上数不胜数，已成为师徒之间彼此隔阂的开端。

这种彼此的取代在工艺条件较差的时代，其实是良性的新陈代谢，当青年工匠取得一定技艺和技巧之后，老年的工匠大部分步入到了五六十岁的年纪，这个时候他们的视力、体力在当时的生活条件下，都不会十分的良好，已经步入退休和颐养天年的年纪，徒弟也可以顺理成章地逐步取代老工匠们之前在一定的空间范围内的市场地位。

那时候社会还是以能够提供产品为工匠存在的意义，每个工匠也有自己生存的空间，不会过远地迁徙，也不会跨地区地提供劳务，大家都守着自己的一亩三分地过着田园般的生活，在这个时候徒弟对自己的取代并不以为是背叛，而是顺理成章的继承。背叛也被隐藏在了温情脉脉的面纱之下，不那么突兀和令人遗憾。

职业工匠中的彼此取代是社会稳定发展的动力，但同时也是在证明，职业工匠如果没有看到自己在行业中的发展前景，是很少会为另一个人全身心的投入自己的关注精神和注意力。他们不会在作品上做到百分之百的尽职尽责，甚至会在其中找到自己最为油滑熟悉的方式，来保证作品处在最省力气、最差标准的平衡上。

保持在对自己的体力最为优化的水准上，可以使用最少的力气完成市场可以接纳的作品，但不是最优秀的作品。当然如此的工匠其实也算是其中的佼佼者，绝大部分的工匠则是逐步衰退。他们会把市场上作品的退化，完全归咎于自己服务的组织。

他们有点像雇佣兵或者同盟军。曹操在讨伐董卓的时候军力雄厚，但全都是雇佣兵或者同盟军，面对敌人的时候退缩胆怯，面对彼此利益的时候则互相争执，彼此毫不退让。这种组织上的自保行为在工匠领域也是常见，并不因为工匠的职业操守而改变，它决定了工匠不可能拥有牢固的雇佣制，所以在泥人张世家一百九十三年的发展中，很少有雇佣制的职业工匠出现。在清末民初，只有一位专职砸泥的工匠"五爷"，一直在作坊中工作，而其余的时候全部是祖孙三代一起共同完成创作。三代之间必须一起完成创作，才能最终保持作坊水准的稳定和持久的竞争优势。虽然在三代之间也经常会有矛盾，因为作品的处理方式不同，对最终作品的完成样式不确定，以及对当下在制作过程起争执。但这种争执是有益的，他们都是为作品最终完成的状态负责。这种争执也使得整个工艺过程打磨得更加精致，对彼此守持的美学标准有着更明确的了解和认知。大家可以用彼此都明白的语言来表明微弱的变化，比如线条的松紧、虚实、雅俗等。

很难理解如何将具象的审美标准变成彼此可以理解的实在的操作标准。

这种彼此的默契应该只在父子之间才会产生，而师徒之间很难有深入地沟通。在雇佣的职业工匠中，彼此就是博弈关系，更难以产生有效的良性沟通。

在作坊中，父子之间的情感是最有利于作坊发展的形式，而雇佣的工匠学徒，似乎从开始就不具备彼此信任的基础，也不具备职业长期规划的一致性，所以他们天生就是博弈的对手。

职业的人做职业的事

对从事某一个工艺项目的职业工匠所提出的要求，比如雕塑，工匠必须是了解整个行业的人，而不能是只了解自己工艺的人。就是说职业工匠不应该是偏才，而应是像"君子不器"一样，可以随心变化，对行业中的任何一个点都可以有自己的见解，都可以对执行的细节进行把控，以至于完成最好的状态。

我们的工艺其实并不是以作品完成那一刻为准的，而是在人们看到它的那一刻才产生价值。人们在看到它的那一刻，包括当时空间的灯光光线、陈列方式、空气的湿度、温度，甚至声音和气味，这一切都是组成这件作品不可或缺的部分。能够让人们轻松地来到这个空间，不必担心停车和交通的拥堵，甚至也是职业工匠应该考量的方面。

让人们轻松愉快地来到观赏的空间，在合适的氛围中安静地与作品对话。产生自己内心的化学反应，完成欣赏过程应该是工匠在最终完成作品时考量的整体效果。在此之前的包装运输、作品的牢固程度、作品的推广宣传，等等，一系列的相关活动，都应该在职业工匠的考量范围之内。职业工匠的工作不再是仅仅完成作品的倔强的、保守的、执着的某一个点的形象，而应是刻画更加专业的灵性的形象。

这是独特技术掌握的轻松化、社会作品的巨量化的必然要求。有些工匠对其有"市侩"的评价，我虽可以理解，但也觉得不应自恃清高，要求别人为自己服务。

对我而言，仅从包装上就曾经大费周章。从包装盒材料的选取上，所用的胶纸是否拥有难闻的气味，挥发物质的是否合格，我都做过许多试验，从而对板材的制作方法有了充分的了解，甚至板材产地规格会影响到最终作品的完美程度也有自己的把握。包装表面使用的织锦，在材料选取上也费了许多的力气，最初的制造工艺已经不复存在，而近似效果的制品现在已是价格奇高。这点令我很是疑惑，之前我们用来做盒子的织锦质地细致、织法严密、花纹十分的漂亮美丽，而现在相同材质的织锦却十分纤薄。

它们并不是服装用料，不需要太多的人去设计和挖空心思地迎合市场需求，仅仅用作某些装饰的用品，所以材质的粗陋令人十分难堪，以至于我根本买不到所需要的织锦。经过我们独自设计的图案在经过机器制造之后，其结果也并不能令人十分满意。

我们之前所保留的一些传统盒子所用的布料，现在已经找不到能够制造的人。我想这并不是传统工艺的衰落，而是市场选择的结果。人们不再大批量的需要那样优秀的饰品，所以它们自然而然地退出了历史舞台。有的时候我也认可这种情况，毕竟不可能有人为我所需的盒子而专门去从事制造的全过程，如果没有大量的市场需求，这种制造工艺的工匠是不可能有良好的收入的。

所以我们顺应自然而然的变化态势，想从包装盒的图案设计上弥补这一损失，而这又涉及了许多其他专业化的知识与门类，所有这一切只能由这一个工匠来决断，他不可能把它交给专业人士，由专业人去做专业事往往是一种偷懒的借口，其结果往往是使得作品五马分尸，难以形成意见有效的可控的完美的作品。

在我的作品中，从一开始设计的构思，到最终完成其中所牵涉的所有细节，甚至我作品陈列的展柜设计也是由自己来完成。灯光的选择、背景的选择全部由自己来决定，这样才能够最终确定一件作品是否最符合自己想要展示的外在形象。虽有时不专业，但却有个性。

工匠一定要对自己这一行业的点点滴滴，每一个细节，甚至包括员工的和作者的心思念头都要了解把握，才可能最终完成整个创作流程。

在这一过程中的制约性更为复杂。职业工艺创作活动不像一个艺术家，艺术家只要信马由缰地表达出自己心中的感情，就可以完成整个创作。他更像是一个乐队中从乐器的制造，保养时空气的湿度、温度对乐器的影响，以及到乐队里的每一个人的情绪情感的把控，都要考虑在内的创作者。这像是一件更有意思、更为精确精准的，也可以有更广阔发挥空间的事情。

面对这种挑战我并不反对像工匠一样去工作，这种挑战给我带来的快乐，远远超于所谓那些空灵的艺术家的创作过程。他们是与真实的人去打交道，在这个过程中也有克服困难解决问题之后的成就感。这一切是只有职业工匠在完成自己所有工作之后才可以感受到的。

技法，两百年间一直在改变

近两百年来，在作坊中的六代人的泥塑的技艺，一直在改变。而且，这种改变还在作坊中持续地发生，为了更好地展现自己要表达的情感，调整材料的配比，甚至改变颜色的种类，创作者一直在不断地进行材料的调整。与新材料相应的技术，也不断被引入使用。

这里没有常见的，我们的技艺是近两百年没有改变的骄傲。只有与不断改变带来的新技法的磨合、探索。

对"泥人张世家"这个作坊而言，怀旧的情怀与之前技艺标准应该是老年人所特有的怀念。我们会认为这是他们的技艺，在被年轻人无情地抛弃之后的倔强反攻。

如果以相同的标准，比如让他们回到和年轻人一样的年纪，一起面对不同技法的选择，他们可能也会选择年轻人所选择的技法与创新的材料，而不会固守之前的材料和技法。

改变过于随意当然是不好的，但经过深思熟虑与实践的改变，往往会给一个行业带来全新的面貌。以更为广阔的表现技法、表现空间，为新一代大师提供成长的土壤。

改变就像是树木的成长，总有新的枝丫发芽成长，这是技艺生存的象征。凝固的艺术技艺，自然也有其审美保留的意义，像标本一样的固化，始终难以继承，因为这种继承，其实可以叫"抄袭"。

京剧在繁荣发展的时代，行头、唱法、技艺因人而异。艺人多会按照自己的嗓音条件，设计自己的唱腔，以致名家辈出，各具特色。在京剧艺术衰弱时，模仿之前的唱腔，维持之前的技法标准，成为从业者的唯一追求。这种追求，往往不能得到社会的认可。"取法乎上，仅得其中"便已不错了。技艺的衰落，最重要的表现就是改变停止，以抄袭为传承的形式出现。

抄袭永远不是传承。

在技法的改变上，还有一个很无奈的现象。

人们总是提问，每一代人之间都有什么样的不同之处。这对我而言，如果你的眼睛都看不出不同的话，那么就不存在不同。

"不同"是一个模糊的标准，也许并非有什么真的不同存在，只是你的眼睛的感受而已，如果感受到了不同，那么不同就出现了，如果没有感受到，技艺的不同是不能用语言来表述的。

在近两百年的时间里，六代人的作品其实有着很大的差别，这种差别对我们从业者而言泾渭分明。但是对大部分当代人而言，这种差别是很难察觉的。所以我并不主张用语言去描述这种差别，因为语言的表达力是永远难以形容感受的。

作为观赏者，也不应该把注意力放在这种差别之上，以这种分辨试图让自己成为内行人。人们只需要静静地感受作品就可以了，又何必非要知道它们之间有什么不同。

这不是考试，不需要正确答案。

但应该说，这种不同在传统生活里的人中是确实存在的，用感官分辨这种不同的细微之处，是人们审美经验的重要部分。在传统生活方式中，人们的感受是很灵敏的，我称之为审美的敏感。

在传统的生活中，人们需要消磨时光。在无聊中，细腻的比较变得发达而灵敏。情感不用说出口，在无声处，一方，已肆意传达；一方，也了然于胸。

正如在传统艺术中书法的使用上，技艺的普及就使得人们对字体形式传达的情绪非常敏感。人们会看到你今天写的字有些急躁，或者你的字里有快乐，抑或是你写这篇字时是不是生气了？

我之前听天津老的琴家说，在20世纪60年代，一位老琴家在电台里，每日下午三点固定直播演奏。一天，他的朋友在他演奏之后，突然登门拜访，说他今天琴音不对，感觉到他情绪很是低落。于是特意上门，向他询问是为什么。老琴家向朋友坦言了自己今天的忧愁。这种以艺传情，需要灵敏的表达和灵敏的倾听。而倾听的修为，更为重要。因为生活方式的改变，这种审美的敏感性在现代人身上是不存在的。

我并不是说现代人的审美能力不好。我只是说这种审美敏感，在当代生活中被转移成改变的方式。现代人每天会接触大量的美术作品，广告海报、影视剧照片、手机里的美图。人们频繁地接触艺术创作，但切磋琢磨的时间明显减少到仅仅几秒。

创作对技巧的要求也更低，可以由大家自己来完成，这个时候人们可以创作出更为鲜艳、奔放、夸张的艺术作品或者照片。

人们的心灵不再对长久磨砺、细微的感受有更多的关注与了解。人们可以快速地选择、变换，选择自己欣赏的艺术品种。比如，在看电视的时候随便换台、快速地挑选自己喜欢的音乐，在不同的作品之间来回切换。人们对情感的表达更为直接，对传统的细腻情感的表达方式常会被视为矫情。所以这并不是人们的审美能力退化，而是人们的审美方式改变了。

这种审美敏感的消失，使得大众对传统文艺作品的那种含蓄、细腻的调整熟视无睹，也成为情理之中的事情。这就要求我们的作品有着更为时代性的表达，但绝不是轻易地放弃旧有的细腻的情感传递，只是不能要求所有人都感受到就是了。

就像我们的语言也一直在演变一样，艺术技艺的演变不能够视为对传统的背叛，也不能视为庸俗的媚俗。它是具有深刻的时代意义的改变，是传统的延续、自然的生长。

回归到对传统一招一式的照抄，其实正违反了传统自由、创新的内在精神，也忽视了当下人们的心灵渴望。

新材料总有新惊喜

外在的表达方式，无疑会随着时代的改变而改变。这种改变必然造成技法上的调整，也需要新材料的使用。

这种调整，在我的作品中还是蛮多的。我个人也一直在追寻更符合现代技法的新材料。

材料变化最大的是颜料的品种。

小学的时候，我所在的是体育专业学校，有半天的课程是文化课，另外半天是体校的训练。在我这里文体不分家特别明显。但我提早地退出了体校训练，就有了半天闲时，这半天就跟着父亲或者母亲上班消磨时间。

父亲在天津艺术博物馆的库存区上班，他在库存区的四楼有一间单独的办公室，里面总有一些历代的泥塑作品正在修复。他除了修复泥塑作品之外，有时会做一些自己的作品，也会让我帮他做一些彩绘的工作。

那时候我们是用广告颜料来彩绘。广告颜料是一种 20 世纪 60 年代出现的新型颜料品种，代替了之前的国画颜料，价格便宜了许多，锡袋包装，使用也更加方便。广告颜料溶于水，但是干后不防水、不防潮，而且容易开裂，在太阳光下褪色严重。

它也有优点，半透明的颜料特性，使薄薄的颜料可以逐层累加，达到一定的厚度时，会有近似矿物颜料的透光的颜色质感。广告颜料比国画颜料更为便宜，这使得在那个颜料还是很贵的年代，广告颜料成了彩绘最好的选择，替代了传统的矿物颜料。

那个时候矿物颜料基本不存在了，而仅有的矿物颜料品种价格非常之贵，且不易使用。

在绘画的时候，我偶然发现了一种写着丙烯颜料的锡装颜料。我问父亲这是什么颜料，父亲告诉我这个和广告颜料差不多，但是也有些不一样，他也没有试过。于是在好奇心驱使下我去尝试。从锡管里挤出的新鲜颜色，在光线下湿润柔软，总是那么令我欣喜着迷。在试用之后，我发现丙烯颜料防水、不易褪色，之后又去专门查了它的资料，发现这是一种非常优良的彩绘材料，虽然听上去有点像塑料的名字令人不快，但它的各种性能还是远远优于之前使用的材料。

于是从那时候开始，我就有意用丙烯颜料替代广告颜料，慢慢地开始使用，直到后来我父亲也接受了这种改变，以至于影响到了同行的许多人，丙烯颜料成了现下最为通行的彩绘颜料。

丙烯颜料有自己的缺点，笔触感太强，也就是不平整，还有就是光泽过亮。为了解决这个问题，我也讨教了许多的材料工程师，最后研制了自己的配方。

现在我使用的材料，需要从市场上购买成品丙烯颜料，再加入自己的配方，以调整颜料的特性，才能达到颜料最终的状态。

对此我付出了苦恼尝试，做了不该是艺术家做的太多事情，但还好结局还算愉快，我找到了自己适合的材料。

可经常还是有人说，还是矿物颜料更为纯粹、更为真实。

那些人大部分不是从业者，他们是拥有怀旧情怀的爱好者，或者是偶尔接触的票友。他们也自然有自己说话的权利，有自己爱好和选择的权利。作为职业的工匠，从色彩的丰富、光泽的多样性、良好的防水性、优异的耐晒程度和良好的稳定性来讲，无论是古代的还是现代的，在这种条件下都会选择丙烯材料为最优质的绘画材料，而不会去选择辛苦调配却难以保存、颜色单一，而且容易开裂的矿物颜料。

古代工匠只是没有替代品，没有更好的材料，才会选择那种东西，并不是它具有天然的美感，或者它是最为优良的材料。

我真的不太喜欢固执的保守者，以旧为优。如果他非要不用自来水，而去打井水喝，穿着草裙上街，我也无话可说。

艺术并不因材料而具有价值。

名正心顺

工匠的社会地位，直接影响是否会有青年人才加入其中，来提高传统工艺工匠群体的整体水准。无论社会对传统文化如何推崇，没有合适的收入与社会尊重，都不会有足够的青年人才支撑起传统文化的存在与发展。

传统工艺工匠的收益因人而异，职业荣誉感，近几年确有明显的拔高，但实际从业者要从生活中感受到，还需要一段时间的努力。所以，传统文化的从业者依然还在希望进入学院等机构，那样身价立马就不一样了。

在张明山先生青年的时候，泥塑工匠在中国社会里处在底层，地位甚至比陶艺工人还要低。大多数人并非是正式的工作或者职业，只是陶塑工人在业余时候的小品游戏而已。他们根本不会把从事泥塑创作当作一个人安身立命的根本，反而是不务正业、游手好闲，甚至于是一个人无聊、颓废的表现。

张明山先生的人生规划是成为一位古典的传统文人，由此进入到社会的上层，重新挑起家族的门楣。

随着时间的推移，他的技艺逐渐为当时文化阶层所接受并推崇。这种偶然的变化，改变了他所处的社会地位，进入了一个比较尴尬的位置，他不是正式传统文人系统的一分子，却又成为当时上层社会里特殊的存在。在生活中获得了人们的认可，又得到了不是那么正式的尊重。

有点像当时戏曲界的名流人物，为世人所称赞推崇追捧，游走于贵戚、巨贾之间。达官显贵甚至自称票友，向戏曲名家虚心讨教。但谁也不会把"演员"当作上层人物，他们的职业和个人身份依然是备受轻视的。

这其实并不让人十分的舒适。张明山先生并不想做一个这样的人，他也没有把泥塑当作自己的职业，只是游走其间，更像是一位票友。他的一生以绘画为主业，在天津也小有名气，但终究未成绘画名家。泥塑的名号始终超越绘画，成为他人生最重要的符号延续下来。

到了张玉亭先生的时候，社会由清朝进入民国，发生了很大的变化，社会阶层也产生了很多调整。上上下下、起起伏伏，新的市民阶层出现，画家与优秀工匠们依然受到了社会的推崇，并构成了一个新的社会阶层。

张玉亭先生在这个时期，就是这个阶层中的一员，他为社会所接纳推崇，在商人和文人之间寻找到了自己恰当的位置。

人们对泥塑艺人的风格也做了明显的区分，张明山先生、张玉亭先生在这时期明显地被视为不一样的泥塑艺人，他们更近似于文人系统中的一个职业艺术家，为人们所认可和推崇。绝大部分泥塑工匠正因为时世的变乱、市场的消失，而逐渐消失。

人们不再需要他们的技艺，泥塑工匠群体日渐退化，在北方渐渐地消失了。到民国时期，市场上只剩下张明山先生、张玉亭先生这样独树一帜的职业艺术工匠。

其他的泥塑从业者都已在历史中消失了。

高昂的作品价格、丰厚的市场回报，使得"泥人张世家"拥有了良好的生存基础，可以送子弟赴海外求学经商，家族的社会地位也更加显耀。

在 20 世纪 30 年代的时候，南开大学校长张伯苓请徐悲鸿来天津讲座，他亲自带领徐悲鸿先生拜访张玉亭先生。徐悲鸿事后著文记载："张玉亭先生对于两位名家的登门拜访，仅仅是坐在椅子上抽着烟，略微打了个招呼而已。但张伯苓先生的推崇，也令徐悲鸿感到十分的惊讶。"这样的社会尊重，对泥塑雕塑工匠而言是少有的，在之前历史上记载的只有唐代的杨惠之，而杨惠之只是有一个传说，并没有实在的作品和真实的记录流传下来，只是人们对它的记载。这种记载大多是虚幻缥缈和后人加工的，不足为信。

能够留下真实记载的，就要说是元朝的雕塑名家刘元了。现在北京还有刘元胡同。他是皇家御封的雕塑师，同样也是绘画出身，兼习雕塑，但因其雕塑的名誉而让元朝皇帝十分的欣赏，并命其只能为皇家工作，授予他四品的官职。

这是雕塑家拥有社会位置、为社会推崇的仅有的记载。在更多的时候，这些雕塑者往往被人们认为，是做佛像的、捏小人儿的，挣扎在社会的底层。

社会认知发生改变是和张明山先生、张玉亭先生自身的文化素养在作品中的体现，以及社会的巨大变革息息相关的。这种改变，其实可以使中国的雕塑家走向一条新的成长之路，但很遗憾被战争打断了。

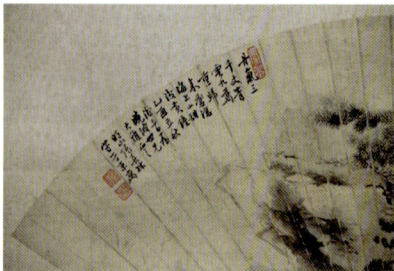

战争之后中华人民共和国成立，专业雕塑家的位置忽然

张明山先生的画作

又被提升到了一个更高的程度。在政治和学术上都受到了前所未有的重视。政治上，作为全国政协委员参政议政；学术上，政府邀请剪纸、泥塑、面塑的艺人们进入美院，去教授学院中的老师。

当然这种拔高并没有持续太久，很快又恢复本来的样式，但是之前在民间从事民间艺术创作的社会底层工匠，确实拥有了一种技艺上的加持，让他们的技艺天生就会被人们高看一等。这种情况一直延续到现在。

人们好像从来不敢正视地去说民间艺术自己是不是喜欢，而往往会从正确的角度去说民间艺术非常优秀，但他们从来不会去购买，也不会在家庭中去陈设。这种情况让民间艺术从业者迷失了方向，他们就像被夸赞包围的人，总是听不到真实的批评声音。如果不能自由的批评，那么赞扬也是没有价值的。这种没有价值的赞扬，持续了好几十年的时间。这让那些从业者，已经真心地觉得自己非常优秀，人们必须认可，而自己现在尴尬的处境，是因为社会不再认可他们，并非他们本身出了问题。

第三代泥人张张景福先生在创作

所以这些工匠一直到现在都处在内心的优越感，外在的表扬、称赞和切实的被抛弃的矛盾之下。他们一边批评着社会对他们的不认可，一边又固守着自己的传统，找不到前进的方向。

当然这五六十年的社会变化，也让这些老艺人的作品经历了大风大浪，有一段时间人们对待传统弃之如敝屣。在 20 世纪 70 年代末 80 年代初，他们的作品又在海内外拥有巨大的价差，可以轻易获得高额收入。这使得许多人半路入行，成为后来的大师。

改革开放之后，经济发展起来，他们的作品又失去了价格优势。现在的巨大的人工成本和快速的机器生产，又使得他们的技艺受到了严重的冲击。

种类丰富的产品快速生产出来，使得他们的存在空间进一步缩小。为了体现自己的不同，销售作品营造了现在的大师经济。这一切应该是回光返照，并不能持久，终归将恢复寂静。未来的传统工艺世界，除了平凡的创作者和偶尔的几位大师之外，社会对他们的认知将逐渐恢复一个稳定的状态。到底会如何发展，还需要工匠们平心静气地接受时代的改变。

工匠们一直以自己的作品来赢得社会的推崇，但是中国文化一直强调，只有艺术家没有艺术品。社会很看重一个人的跌宕起伏的事业与人生经历，并津津乐道人的品格，他们在人生中发牢骚的诗句、苦闷的绘画、随性的书法则成了中国人最为推崇的艺术品。

因为我们更希望欣赏人生智慧，而不是工匠的技巧。但是工匠往往忽略这一点，在自己的世界里，希望以自己的作品赢得社会的认同，却往往水土不服，难以达到心中的目的。

这时，工匠自身的修养几乎可以决定了他人生的走向。中国文化对传统工匠的评价，大部分来自他们对熟练技术的掌握。比如，像《庄子》中的庖丁、捕蝉者，他们强调通过时间的积累，工匠在重复工作中磨炼工作的境界，以达到一种出神入化的境界。

从正面的角度讲，它确实有积极的意义。对"化境"的把握，正是中国传统文化中最重要的一个精神特征，也是总能打动中国人心的那一点。

在这种重复的磨炼中，主流文化隐隐反对的是通过学习和思索来掌握技巧，推崇的是凭感觉的积累获得经验，而非通过理性的思考达到掌握。

这使得传统工匠，一直在强调经验，将时间概念的"工夫"变为了评价技巧的概念。这几乎让中国的实践技巧，一直停留在秘方心法之中，而没有进行有效的规范与整理。将某些窍门作为至高无上的秘法，引得后续诸君误入歧途。

在课本里也收录了《卖油翁》这样的文章，强调"唯手熟耳"。这种手熟的工匠在机械化、工业化革命之后，无疑会输给机器。这也让许多传统工匠处于失败却无奈的境地。

反对工匠思考、掌握技巧、形成理论，让他们只凭经验去感受，这使得传统工匠一直没有走出自我的井底，形成有效的学习和练习的系统。

在雕塑领域，古希腊雕塑工匠们一直在探讨着美从何而来。受毕达哥拉斯学派的影响认为，美中必从数字来，数字是体现在比例上的。所以雕塑工匠们对人体的比例有着强烈的追求，细致入微，甚至写了一本叫《法则》的书，来规范最美的人体比例是什么，在此之上才去追求自由发挥的"真实的美"。

他们提出了美的概念、理论和具体的实际操作方法，来完成他们心中美的形象。所以他们的作品也并不是凭感觉写实的作品，而是在他们认为最优美的比例之上，再去追求"真实的美"的作品。如果简单地把他们的作品看作是写实作品，按照真实人物去做的作品，就忽略了它们其中最为宝贵的理论和概念。

理论将美学经验转化为实际可操作的技巧。

这种方式并不只是艺术创作唯一的方式。在东方的书法和绘画作品中，我们看到了汗牛充栋的理论著作，陈述各自的艺术批评、技法、心得。这同样是理论与现实创作的有效沟通，将审美经验和艺术实践进行融合的精致艺术。在东方传统雕塑工匠中则完全看不到这样的智慧的发展，工匠技艺一直处在低水准的、经验性的传递而已。

所以东方的工匠两千年来，他们的作品几乎没有太大的变化，作为雕塑领域最有代表性的佛教雕塑，基本没有明显的时代分割。各时代的地方的雕塑风格，好像一条小溪一样，一直在流动，偶尔有欢快地跳跃，也是一闪而过，继续在河道中前进。对非专业人士来说，很难看出一千七百年佛教雕塑历代之间的差异。这实际上就是一种工艺文明的体现，有点像儒家提出的"述而不作"，即我只说前人的经验，而绝不会自己去创作。

这揭开了一个比较无奈的话题，工匠好像天生不具备审美能力。这句话虽然说起来会有些令人愤怒，但如果仔细地去看影响工匠作品的因素，文人阶层的影响无处不在，而工匠只是将其变为实物而已。一旦允许工匠本身自由发展，则往往会走偏，形成无奈的奇怪的存在，失去其本来的特质。

像现当代陶艺的一些发展，就体现了这种改变。经过学校培养的陶艺师，拥有了相当的学历之后，其实还没有摆脱工匠的身份影响。传统文化形成的统一标准，已被他们当作束缚和约束，他们并不像传统工匠那样，将其当作标准去追求，反而摒弃了传统的影响。这时他们的作品却出现了奇怪的改变，而这种奇怪的改变，我并不能去评价，只能说它是一种有趣的存在，其为社会所接纳的状态，其实是令人担忧的。

我总说，这种作品就像是一个人的低吟自唱，绝对是作者自己的表达，是自由的艺术。但同时也不能要求社会完全接纳它，理解绝对个性的表达，理解作者自己的语言所表达的心境。

人类的情感是互通的，爱恨情仇。情绪也是可以彼此理解和共情的，喜爱、兴奋、悲伤、恐惧、嫉妒，但表达出来的语言，并不一定能够彼此理解。作为情感载体的工匠的作品，失去了固有语言体系之后，就不能再希望社会对他们的作品可以快速理解、达成认知了。

在传统文化中，文人对工匠的审美影响至深。在瓷器中，固定的瓷器模式在一定的时代中不断重复，这并不是上万的工匠的审美，而是时代的要求和工匠的制作。

一句"雨过天晴的青色"，断绝了一千多年的工匠的追求，怎么可能一千年中，所有的工匠都喜欢这语焉不详的青色，而不会喜欢红色、紫色、蓝色。但是代表文人审美观念的标准，一直替代了所有工匠的个性要求。

以文人审美观念为标准的社会购买作品的需求，也以强大的力量，引导着工匠的制作、压制着个性创作。

在这样的文化环境中，传统工艺工匠是没有个人创作欲望的。为了在同行业中取得竞争的优势，工匠们走向了两个方向。

其一，工艺更加的精细化。

这种精细化并不是精致。精致是形容那种经过人类审美经验打磨、沟通、磨合之后的作品，而精细是体现在工匠对材料的推崇。我们往往会听工匠讲，他用的材料极为稀缺，马上就要消失了，将人们的注意力引向对材质的推崇。这无疑是最为庸俗的一点，以材质为贵，从白银到黄金再到玉料，一个一个的天然材质的价值成为评价作品好坏的标准。这确实是一个民族审美能力退化的表现。

另外就是对技巧的推崇。可以做得更薄、更细腻、更精致、更精细、更小或者更大。这一切都像是一个被忽视的孩子，不停地吵闹，希望引起关注。社会对它的反应则是，偶尔会因为其大声地喧嚣，而看它一眼或加以安慰，但并不会与它有真正的成熟的交往。

人们总是在背后称这样的工匠"匠气"十足。

其二，是走向粗俗，也就是人们所谓的俗气。

这样俗气，以奇异的变形、张扬的外表为特征。其张扬的程度让人们不敢认为其粗俗，甚至在其面前自惭形秽，扪心自问我是不是过于保守？我是不是过于传统？而他们才是真正的表达者。对这种极度的粗俗的表达，确实可以震动文明世界中的文明人。但是震动也同样会带来回避，人们以回避为批评的方式面对俗气。

这使得传统工匠与文人阶层的艺术，愈行愈远。以文人审美为标准的传统文化生活，更希望赏石、观山、玩水，不愿赏玩工匠的器物。他们宁愿接受，不完美的瑕疵的天然，也不愿接受工匠呕心沥血的制造的完美。所以这一切都使得工匠和文人社会愈行愈远。文人社会的审美标准，极少会直接与社会底层的工匠的技术相融合衔接，成为有效的存在。

历史上偶尔做到这一点的几位，便是传统工艺中的佼佼者。

但其他的工匠还是在传统的标准中，认真完成他们这种平凡而重复，他们的抄袭叫作传承，这种明显的抄袭行为，使人们看他们的作品，就像嚼过的口香糖一样索然无味，而他们却自得其乐。

我是从事传统工艺的现代工匠，求得名正，修得心顺，实为不易。

我每日大部分时间都是在完成自己的作品创作。六岁开始跟随祖父进入作坊，了解家传技艺。在那时，这些传统技艺正被时代所抛弃，人们并不像现在这样认可传统文化的价值。但是出于自己的爱好，我完成了严苛的学习，从十七岁起，开始了二十余年几乎无休的职业工匠工作。

职业工匠所制作的作品，往往不能称为艺术品，他们沿袭了之前大师的风格，甚至可以说是"抄袭"前人的作品。在世家作坊中，只有职业工匠完成自我的性灵学习，感受到自我的情绪，以自己的成熟雕塑语言自由地表达情感才能成为"创作者"。当然，这并不容易，但是职业工匠也是值得尊重的。

谁在做谁

"在我们的外面，没有别人，只有我们自己。"
作品永远是自我的表达，而非模仿。
而我，一直在表达，
一个精致，却善于隐藏。孤独，而又渴望关注。
柔软细腻却强硬的心，所感到的世界。
所以，我的作品，总有一种独特的孤独，或称为"独立"。

作坊中的青竹、幽兰，总在清早的露水中散发出宁静的气息。从清代开始，无论世事烦乱，世家的先辈们总在作坊中豢养各种动物。明山先生，喜爱院中的中国金鱼，几排整齐的灰色陶缸，养育出各色的品种。二代玉亭先生，则尤爱饲养笼中八哥、百灵，相伴经过多年的战乱。三代景福先生，喜爱养犬。四代张铭先生，喜爱绿苔山石。五代乃英先生，喜爱园植。而我则独爱清冷傲娇的猫。在作坊中，这似畜实兽，似兽实宠者，无意间，成为众人和谐的存在。

"泥人张世家绘塑老作坊"于清代道光年间成立，历经朝代更迭、战争兵燹、饥荒动荡，到今时繁荣安定。由张氏家族父子六世一百九十三年相承而无衰落，实是古典艺术史上的传奇。在其间所经历的，令人唏嘘，但无论怎样的波涛起伏，世家的沉稳与笃定在一代一代地传承。世家的每一代人，并非为了制作出好的精致的作品而努力，而是将泥塑作为找到自己内心彼岸的……以泥塑为人生的修习方式，待到彼岸，便……而去，……

　　允许自己表达，自由地表达，并非是一件简单的事，也许经历万水千山，亦不能蓦然回首。作坊中的每一代人，都曾独立地完成成长过程，前辈的指导帮助几乎是不存在，或者它完全充当着阻挡与干扰。口口相传、悉心指点，都是故事里才有的事。作坊，是霸道的存在，它的目的就是证明你是个笨蛋。但是，这否定中尚有一线生机，在上一代力量的陪伴下，后人养成了自我努力的习惯，凭借这习惯经历一次次柳暗花明。

　　抛开名利心，无视权威的否定，自己面对工作时，作坊中的工作绝对是愉快的。各道不同的工序，总是充满着诱人的魅力。亲自动手完成一件塑像，无论结果自己是否满意，都会成为一次难忘的体验。在塑造作品时，体会内心深处控制肢体的潜在情绪，体会它的表达与需要，每一次都让自己更加理解自己。

作坊中，需珍爱自己的制作工具。工作结束后，需要把它们清洁干净收好。有了助手之后，我可以将这个工作交由助手去做。能否将工作后凌乱的工作台整理干净，而又便于下次工作的开始，其实也是很需要悟性的一件事。能有合得来的助手，会节省许多精力和大量的时间，尤其对我这样，将所有时间用于创作的人，一个合适的助手实在是珍贵。

作坊中的每个角落都充满着我的个人风格，甚至物品的摆放都有自己的感觉，有时很奇怪，但是肯定不能随意更改，哪怕只有一丝变化。我对待使用颜色的排列顺序、毛笔的摆放位置、笔洗的距离、颜色碟的距离都有着极为灵敏感觉。一丝的异样，都会使我顿时烦躁不安，或是平静的或是暴躁的，继而对身边的人苛刻地指责。

作坊中，平静、紧张、焦虑、气愤、愉快、欢笑交替着流动，它并不适应大多数人的理性理解。作坊总是有着自己的逻辑，但是情绪出现时，连自己的逻辑也会被打乱，自行演绎。但这一切，是在熟练的技艺支持下的对弈，如果没有完成苛刻的基础训练，还不能融入职业匠人可爱而诡谲的游戏之中。

职业训练，是不带评价的执行，靠近和了解神圣的技艺，去除自己情绪投射产生的评价，就像写诗歌前先要识字。当然，这种对技艺的练习，让现代人觉得困难重重，甚至认为掌握技艺会减弱一个人的艺术表达能力，技艺与艺术是严重对立的，也许他们也有道理吧。

作坊，是我日常工作的地方，每天十几个小时的工作，全年无休，是泥塑技艺工序的要求使然。我因为热爱而专注，因为专注而无视工作时间的长短。我认为，时间总是按照自己的节奏流淌的，对应的时间里人总是要做点什么，因为热爱，而不将劳动解读为必需的工作时，就不会感到疲劳。我这种对工作的解读，实在使得助手不堪重负，但又无能为力。

百年结界

　　从油灯到 LED 灯，从煤炉到暖气，作坊中的许多事物都改变了，但追求完美和革新的探寻从未改变。在这个作坊中，并不是在从事传统艺术，而是一百九十三年的生命依旧在生长。几代匠人的经验与思索，在这里不断的重组、实践，它既是古老的，又是新生的，既是古典的，亦是前卫的。

　　进入世家作坊，就如进入时光的结界，无数的身影凝固其中，但并未枯萎，而是依旧新鲜，仍在呼吸。他们和这近两百年的作坊一同存在。

　　雕塑，在中国大地，从原始人制作陶器用具，便成为具有审美意识的创作，也出现了最初的塑师。在敦煌的沙漠中，一千多年的雕塑师们营造了一个个的洞窟，他们按照自己的样子想象成神的样子，完成了天国的塑造。现在，雕塑师们又在尽情地用雕塑语言表达自我的情感。在未来，雕塑语言亦将存在，表现着人们的观点。在雕塑的长河中，有这样的一个作坊，曾经存在过，也便是所有了。

第 三 章

CHAPTER Ⅲ

———

我和
我的店面

开一店，守一生

———

　　"泥人张世家"老作坊，近两百年来致力于泥塑作品的创作，而作品的销售则另由店面完成。因为作坊的手工制作方式，使得作品数量有限，所以历代大师都只有一家自己的专营店。"开一店，守一生"，独家经营，也成为"泥人张世家"的一项传统。至今，在天津市南开区古文化街宫北 11 号的"泥人张世家"专营店，（022—27359995），就是我作品的专营店面。

唯一的店

我的店面在天津古文化街。店面不大，只有八十多平方米，但我的作品也总是很难摆满这八十平方米的展柜。我偶尔会去店面转一转，这是我这一代工匠的生活方式——自己创作，自己经营。

作品不接受定制，只卖自己创作的作品。虽然这里人流嘈杂，但这是我最喜欢的地方。因为在这里，我的作品可以和爱好者们见面，也可以接收各种各样的批评与表扬。我并不在乎这些批评与表扬，但它会让我感觉与社会有着交往。我只是喜欢这种交流的感觉。

人们经常会说："你天生拥有着一个良好的品牌，在这个位置上自然会好经营。"我不否认这件事情。出生在这个家庭，有这样一个传人的身份，确实可以令我比别人更加方便地开展自己作品的经营，但这也并不是经营的全部。有的时候有一个品牌，还不如没有品牌来得更为舒服与直接。品牌的利弊，一直是不确定的因素。

中国人喜好说"百年品牌，百年老店"，喜欢用自己曾经的经历代表现在的实力。这种看上去愚蠢的经营方法却十分的奏效。这种经营将一个个品牌推向了经营的高峰，也将一个个品牌送入万劫不复的地狱。那些所谓的百年品牌，其实已发生了无数的变化。这对我这个早已是百年品牌的品牌，也积累了太多的顽疾与累赘。

我总是说，我唯一要继承的就是张明山先生的创新精神。在一个行业中，独立创新出一个品牌并将其发挥到极致，与自己的人生相融合，完成品牌的建立，更完成自己人生的生活目标，品牌不过是其中的小小载体。

品牌没有那么重要。

我们国家的品牌意识是从 20 世纪 90 年代开始的。当时商业刚开始发展，经营实力的衰弱让人们突然看到品牌无穷的魅力。它可以让一个并不太出众的商品，摇身一变成为当红的明星。

那时人们疯狂地追求品牌效应、推崇品牌效应，也使许多商标产生了问题。我们也经历了二三十年的商标争执，至今刚刚落下帷幕。这一切，都在于那时品牌的重要性，"泥人张"品牌可以给所有的泥人加持，产生极大的经济效益。这让人们疯狂地陷入其中，甚至认为我和张家学习过，我就天然地拥有这个品牌的权利，社会对此也是持认可的态度的，他们并不在乎品牌的纯粹性和优越性，以及背后艰难复杂的系统。他们只承认品牌是单独存在的几个字，而且应该社会共享，这才是对传统文化的尊重与保护。

这也许没错，但中国工艺因为这种思想，走到了今天这种状态。究其原因都因只重品牌效应，无视企业技术、经营系统所致。这里人的技艺与信念已经渐渐消失了，资本控制下的品牌，使得一切走向了毁灭。

我不看重品牌，而看重营造品牌的能力。

如今新媒体的出现给品牌价值的推广，带来了新的方式。传统庞大的工艺品牌们已经变得虚弱不堪，人们对其褒贬各异、评价随意，其自身已经失去了持久的吸引力，仅仅是在旅游市场，做最后的垂死挣扎。在旅游市场做的装点门面的工作，却被视为发展最好的方式。

新兴的工匠带来的新品牌，正在逐步地成长，这是一个属于新工匠的时代。老品牌，随他们去就好了，这个时代召唤着新工匠、新品牌的出现。那些拥有抱负的青年工匠，才是未来的希望。中国工艺的未来希望，在于他们必将走出与机器竞争的纠葛，走出传统的禁锢，与时代精神相融合，创造出属于这个时代的独特，以及成熟的艺术语言。

我作为传统工艺品牌的继承者，也继承了品牌固有的麻烦。人们对其有固定的认知，人们不希望它改变，这对一个工艺品牌来说，确实是一个大麻烦。人们一边习惯于看它以前的样子，一边又在批评它不思进取、故步自封；一边绝不接受它改变之后的样子，一边又不会为它以前的模样付款，逐渐将其逼上绝路。人们只是在将其作为某种旧时的象征，作为某些必须要馈赠的礼品时，才会想到我。虽然这个礼品市场，让我这种传统工艺文化生存的还算宽裕，但逐渐萎缩的认知、推陈出新，已经将这个品牌拉向了万劫不复的边缘，传统品牌面临的必然的绝境。没有哪个品牌可以经历百年而不变化，依然可以良好生长。

中国古老的传统工艺品牌，在国际化的社会中，其实也有着天然的不足。首先是文化系统的不兼容，语言的互相不理解。中国传统工艺作品基本上失去了之前广袤的国际贸易市场，也很难再进入另外的文化空间。

除了那些节日礼品、小商品之外，带有中国文化特征的文化作品，几乎很难再回到国际市场，去表达自己的文明。像我这样的品牌，离开天津，人们就已经不再重视，只是新奇而已；离开了中文系统，人们就不懂它的含义，也不知道它说的是什么，品牌就完全失去了自己的价值所在。

即使拥有百年的传统，但那只是过眼云烟，现在的文化系统的羸弱，把过往的一切价值都减弱了。时代已经进入一个向前发展的快速更新的时代。对传统文化既有的情怀固然有其价值，但已经不是时代的主流，也不是这个时代中，在快速发展变化的中国里当代中国人的生活主流。

人们没有时间，去翻阅历史、回顾历史，其实生活里大部分的时间，人们急于奔向前方，改变当下。

所以我的品牌，并没有想得那么重要。

如何带领一个近两百年的品牌在当下走出自己的困扰，拨开迷雾，寻找到前进的方向。在成长中，变得愈加成熟，是我当下的责任。

而我的顾客，总是会给我灵感。

真实的批评与表扬

我喜欢来店里，因为在这里经常可以和顾客有交往。虽然我的内心比较抗拒这种交往，但我更希望可以通过作品与顾客交流，而不是当面去沟通。因我天性的害羞，这种沟通会让我感觉很尴尬。

我总是可以从顾客的意见中得到某些灵感，但这种灵感并不是去迎合顾客的想法，或是完成他认为更好的或者弥补不足。这种对意见的简单处理方式，不是我所采取的，也不是绝大多数人所接受的。

顾客的意见，无论是夸赞、表扬作品美好的地方，还是批评、说出他不满意的地方，都可以让我感受到一个真实的人的存在。因为在这些时候，无论是批评还是称赞，大部分都是来自顾客业余的生活，他们身处社会角色之外的一种游戏式的表达。这种表达很轻松，没有人与人交往之间的戒心与隔阂，往往可以真实地感受到一个灵魂的存在。通过与顾客或深或浅的交流、交往，都会让我感受到另外一个思想的存在。他有着自己的独特经历，有着自己的经验，记着自己的过往，也有着自己的希望与信仰。

这种交往会让我在表达的时候有更多的激情与冲动，好像看到了世界更为丰富的一面，也有了更多想要说的话，表达的作品语言，也可以更加的丰富而温柔。所以这种接触会给我的作品带来巨大的改变，也给我的创作带来丰富的情感冲击和灿烂的灵感。这种灵感对我来说非常宝贵，它所带来的创作冲动，看似与当下的意见完全无关，却又有着一丝联系。

我不在店里的时候，也总是希望我的同事可以把顾客的意见收集上来，但他们明显没有创作者的冲动与欲望，对此毫不在意。也许他们害怕我听到这些负面的消息言论，会让我的心情变糟，这可能来源于他们对我的不了解、对创作的不理解，或者仅仅是他们眼光过于狭窄而已。

这些批评或表扬的言论，对我并没有太多的影响，我也不会把它们当真。毕竟每个人的评论都源于自己的人生经历和自己心灵的需要，它并不能代表别人的观点。这个世界本来就是丰富多彩的，不可能完全一致。

谁能理解这些，就可以把这些言论当作一个心灵真实的表达，给予关怀与理解，而非当作对自己的否定，去要求自己的改变。它们是建立在信任理解基础之上更加的成熟与宽容，而不是为了迎合某个人的观点，做出具体而细致的改变。如果能理解到这些，我的同事可能会更加积极地向我传递顾客的意见。但现在，这是一个令我很失望的地方，我总是不能通过别人来听到真实的评论。

在理解的基础上，对这些评论语言就会有着更加深刻的情感。这不会成为约束和否定我的标准。所以不把它们当一回事，我希望别人可以真实的表达、发表意见。欢迎你随意表达批评、表扬，反正我也不会去听。此话说来，具有某种调侃与无理的反驳的味道，但其实却是彼此宽容的理解。建立在这种理解之上的人际关系，实在是令人欣喜的，也是难得的人生礼物。

我对自己的作品评价始终不高，因为我知道，像我这样成长自 20 世纪 70 年代的"七零后"，在小时候是接触不到传统文化精髓的。既乏书可读，也少有作品，更无传统技巧的学习环境。所以，我们不可能像前辈一样拥有他们那个时代，拥有历代延续的精致的传统表达语言。

我只是承上启下的台阶。把前人有的东西慢慢地收拾整理，为后人提供前进的方向，期待在未来可以有优秀的工匠出现。让别人"踩"着我们上去，是我们唯一能选择的方向与方式。

我对自己的作品评价不高，而且每过一两年，就会觉得之前的作品完全不堪入目、十分幼稚。当然也会觉得有一两件作品，当初做得还是很用心，现在已经做不到当初那样的纯粹。

有一次一位收藏家和我说："我收藏的并不是你最好的作品，但我收藏的是你每一个时期的作品。我觉得你会一直做下去，有着完整的从艺经历。所以，我会收藏你每一时期的作品。它们可以展现你人生成长的经历与方式，这些作品的集合，远远超出一件优秀作品所能承载的意义。"

他的话确实让我开慰不少。是啊，每一件作品都有它独特的意义，代表着自己人生的一个时段，无论是

最好的或者最不好的，它们对我的意义，都很重要。

人生并不是以最完美为标准，人生经历过的每一种状态，走过的每一条路，都是一个脚印，都是有自己独特的价值。

所以我总说，我不是最好的。我们"泥人张世家"，也不是最好的那个，但是，绝对是最独特的存在。

可爱的顾客

在这里有许多的顾客。他们真挚而可爱，有对我的认同，也有对我的包容，总是令人难忘。

人们总说，你的顾客是哪些人、他们是什么年龄、是什么职业、什么样的收入、什么样的，等等。他们很关注顾客的背景，试图从中梳理出某些特征，来寻找经营发展的方向。

我总是嘲笑他们蝇营狗苟。对艺术的喜爱，是人类的本性，没有人可以在哪怕一天之中，完全摒弃艺术对自己的安慰，哪怕只是随口哼几句心中烂熟的曲调，我们的头脑也需要这些无谓的艺术，对自己进行安慰。

人一直离不开艺术对生命进行的有效保养与呵护。

我作品的价格，也是绝大部分民众都可以消费得起的。我绝不会把作品的价格炒到绝大部分民众认为不合适的位置。我希望它是民众可以买得起的作品。我不希望我的作品成为金融产品，成为保值和增值的工具，虽然这种属性在作品中或多或少会有一些。我认为如果我的作品在顾客购买之后，如果想出手，以一半的价钱可以卖得出去，那么我这件作品的价值也就得到了体现。

现在蓬勃的艺术品市场的快速增值，与真实的艺术品本身并没有太多关系。那只是金融工具的艺术化，而不是艺术品的金融化。

我的顾客中，有十几岁的少年。春节的时候，我到店面，正好碰上了两位顾客，一位母亲带着十多岁的孩子，从其他的城市来到天津，专程为我的作品而来，这令我十分的感动。我一直不认为我拥有这样的影响力，但当她们真实的出现后，我确实有小小的得意。她们在店里选择了自己喜欢的作品后，给我带来很大的成就感。我想这种成就感，即使是我的同事们，也不会拥有和我同样的感受。它是属于创作者自己的感受，会有一点儿小小的骄傲。

2019年新年，我在央视财经频道的跨年直播活动中，展示了一件作品。这件作品是我的一位顾客早已定下，但一直未取走的。因为我的作品很少，实在找不到类似的作品符合当时的气氛，所以就征得顾客的同意借用了这件作品，作为展示。节目中设定说，要把它当作礼品送给央视作为留念，但其实并不是指这件，只是节目效果的需要。

直播还未结束，顾客就从澳大利亚打过电话来询问，是不是他的那件，在解释之后，有了圆满的理解。而我也感到了顾客对自己作品的喜爱与珍视。这对我这个创作者十分重要，我特别在意顾客对自己作品的态度。

几年前还有一位老先生，是一位退休教师，来自遥远的西部城市，随团来天津旅游。他并不知道"泥人张"，也不知道我们的历史，这其实是大部分顾客真实的状态。他只是在店中看到了我的作品，之后就非常喜欢。那个时候的房价每平方米只有两三千块，但是，他看中的两套作品要十万多。

在店里，老先生对作品是非常的喜爱，但也有些犹豫不决，毕竟在我的作品里，这两套的价格还是比较高的。老先生并没有决意购买，随团返回西部。但他左思右想和家里人又做了商量，马上买了车票又回来，购买了那两套作品，同时再一次表示对作品是非常的喜爱。我一直觉得这才是我真实的顾客。他们不关注品牌，也不想知道历史，他们只是喜欢我的作品而已。这是我作为一个都市艺人存在的最真实的价值与意义，我的创作有知音，而且知音愿意为之付款购买作品。

在传统文人落寞的时候，他们总是以卖画为生。有的时候，我想用自己的作品来维生，可能是最纯粹最没有铜臭气的生存方式。

所以我并不觉得店面充满着市井气，或者金钱的味道，我觉得这里是最干净、最纯洁、最纯粹的知音相会之地。

巷深需酒香

店面虽然是固定的，但是它的影响应该是宽广的。古语讲"酒香不怕巷子深"，那是因为酒香可以飘出去，如果巷子深，而酒又不香；抑或巷子深，但是把酒的香气盖住了，又哪来的人会了解。

对作品的宣传推广，我总像是"王婆卖瓜自卖自夸"。艺术家自己去做这件事情肯定有失风度，他总需要一个团队来帮自己，自己去做创作就好了。把宣传的事情交给别人去做，并不是专业的人做专业的事，而是不让自己陷入宣传工作的角色麻烦。

在这个时代，每个人都有说话的机会，都有表达的空间。但是，说得再好也都无人喝彩。以前的主流媒体失去了权威性，自身也岌岌可危。其语言的影响力，也一落千丈，无人关注了。

新媒体的出现，让每个人都可以表达自我，它在刚出现的时候，确实可以带来人们的关注与参与。但是随着时间的推移，随意表达的方式，不再提供有趣的生活信息，商业信息的过分参与，也使这种新媒体，失去了其可信度与影响力，越来越需要快速地引起人们的注意，以至于出现了"网红经济"。

现在一些视频平台，希望以"网红"的方式，把自己打造成为"非遗"文化最广泛的传播平台。但这种传播方式，总是把阳气提前耗尽。到底是有助于长期发展，还是难以延续其持久性，新鲜过后便为人所抛弃，反而给参与者带来更大的麻烦，都有待于时间的验证。

其实我本人并不看好这些平台。对传统文化的推动作用，它们是有趣的点缀，但也消耗了经典的大量时光。这种方式，是你以必须吸引人注意为根本的，这和生活本身的平凡意味，有些不太相容，自然也会难以持久。

在我的宣传里，我的团队选择了传统的户外广告模式。它们有的在楼宇的写字间、有的在公交车站、有的是路名牌，等等。它们在这个城市里角落落的地方持续出现。

这种户外的广告形式对商业销售不会有太大的推动作用，它只是潜移默化的在人们心目中，与平凡的生活共同存在。也许几十年后，广告上我的形象逐渐衰老，将这些年的广告连续在一起的时候，会发现我和这座城市共同存在、共同成长。城市不会衰老，但我会衰老。几十年中，我融合进这座城市中，成为这座城市中一个小小的符号。城市陪伴着我，我陪伴着这座城市，陪伴可能是最深沉的表达、最深情的表达。

它是文化的浸润，带有商业性的文化浸润，而不是文化商品的广告。在传统工艺行业我与天津同在。

开一店，守一生

在古文化街从事着一个店的经营，已经占据了我大量的时间。我的作品总是不能填满这小小的店面。

对我而言，从没有分店的概念，我总觉得分店，是其他行业才会有的现象。对我而言，我的作品只能支撑一个店面，而这个店对我而言，也是唯一的。

我的作品只在这一个店销售，我也只会开这一家店。很长时间内不会有分店的想法，它也不适合我们这个行业。

作品的精致才是我追求的方向，哪怕只有一件作品。

对那些开了无数家店面的老工艺品牌，我也是表示钦佩，但那毕竟不是我要走的路。

人生是我要完成的最重要的作品，而技艺是其中重要的载体，虽然积极的追求并非为了技艺本身，但技艺的修为仍然是我要花费心力去做的事情。

我只认为，将工艺语言修为的更加成熟才是我的追求。

经营规模的大小，这是我们传统工艺匠人需要应对的问题之一。这对有些人有吸引力，但对我而言，毫无意义。

我还是坚持，开一店，守一生。

　　泥人张世家历代大师的作品全部由手工完成，所以作品的数量较少。作品稀少的数量往往不能够供应销售，所以每一代的大师都会开自己的一家专营店。这家专营店专门销售自己的作品，保证自己作品的销量。店面和艺术家之间有良好的互动和信任关系，有的时候张家只经营制作的作坊，店面由其他经济人经营运作。现在，为了保证文化的一致性，泥人张世家的作坊和店面，全部由我自己来经营。

　　泥人张世家，在清末初创时，张明山先生以自己的作品赢得了广泛的声誉。但是他并不依靠泥塑作为主要收入，而是以书画为主。张明山先生将自己的书斋，取名"溯古斋"。溯古斋的含义是，他希望追溯古代文人精神。

　　但天津人更喜欢他的泥塑，并为其起了"泥人张"的艺号。这也是天津市特有的语言赞扬方式之一。在第二代泥人张，张玉亭先生的时代，泥塑已经成为一个受人尊重的行业，并且，有了自己专门经营作品的店面。张玉亭先生的店面，是在天津西北角的估衣街，这是天津最繁荣的商业街之一，有众多丝绸布匹老号大店，也有摄影等新时尚商业，在街上有一座二层的店面，专门经营泥人张世家的作品。

　　许多名士要员都光临过这个店面，并留下了文章记载。其中，南开大学的校长张伯苓先生就专门带领徐悲鸿先生前来参观。在店中徐悲鸿先生看到了许多优秀的作品，赞扬不已，并且买了几件自己喜欢的泥塑。之后，又请张校长引领，专程拜访了泥人张世家的作坊。见到了第二代张玉亭先生、第三代张景福先生和第四代张铭先生，并为这次参观写了万字手卷，以示纪念。

　　这家店面也成为当时天津市一个著名的时尚景点。在那个时代，作坊由张玉亭先生主持，而店面由张玉亭先生的朋友赵先生经营。店面取名"同陞号"，也就是张家和赵家共同经营生意兴旺的意思。几十年间，张家与赵家共同将泥人张世家的作品推广到世界各国。

　　后来，张铭先生与张乃英先生致力于作坊的恢复与建设。并且，我在1996年重新恢复了泥人张世家的店面开始经营。在今天，泥人张世家的店面在天津市南开区古文化街这条老街上。这条街是天津保留下来的一条清代的古老街道。在街两边是按照古老的街市完全保留下来的店铺，专门经营文房四宝和绘画、雕刻。我的作品就在这家店面出售，而且也仅在这一家店面出售。

　　因为作品稀少，现在也仍然没有网上的销售途径和其他途径，只能够保证自己作品通过这一家店面来经营。

　　由作坊和店面组成的经营形式，是泥人张世家现在致力于保护的传统技艺的生态环境，最为重要的组成部分。只有这一部分的完善与建设，良好运营，才能够保证艺术家的创作和传统文化的恢复。

店面中，有泥人张世家历代大师的画像，展示着从清代到今日泥人张世家近两百年的历史历程。

我有时也会到店面和参观者聊天。对我而言，这种会面会得到许多作品反馈、新鲜有趣的意见。古文化街是天津市的一条老街，也是著名的旅游景点，参观者来自世界各地。在这里，人们参观过店面后，都非常希望见到传人，了解更多的世家故事。

家世百年傳祖

因为作品数量很少，所以历代大师都只有一家专营店。
这样，既可以良好地推广宣传作品，也可以为大师提供安
静充足的创作时间。

店内的有些作品顾客已经购买，顾客并不取走，仍然放在店内陈列一段时间。这些顾客，大都是世家的长期顾客，他们更希望自己的作品可以在店面展览，以增加作品的价值。

店内鼓励顾客摄影，并发送到自己的社交媒体，以扩大店面的影响力。新的社交媒体，为传统技艺建立了新的宣传方式，带来了更多的朋友。

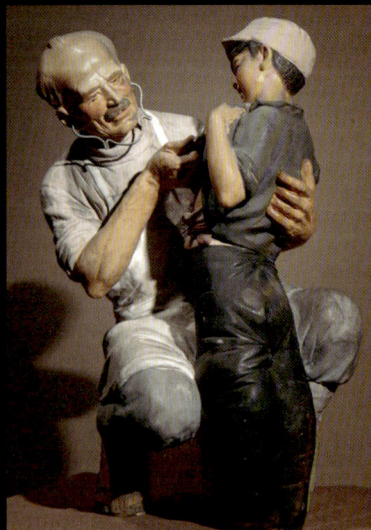

店内也陈列了前辈大师的作品，它们大多并不出售，只代表历史的过程。

第五代张乃英先生的作品和我的作品，是店内的销售作品。近代作品以不同的印章来区分等级，共分为三种：

一、世家作品，作品有"世家"印章，代表作品是由我全部亲手完成。是最为珍贵的作坊作品。

二、限量作品，作品带有数量编号，表示是作坊的代表作品。

三、珍藏作品，代表作品在打磨等重复技艺环节，是由我的助手参与完成的作品。但是，所有的作品均由我创作，并负责工艺水准。

在店内，还可以选购到各种主题伴手礼、艺术
衍生纪念品，或是选择一张明信片，从店内寄给亲
朋好友。

店铺因为是在旅游区，大量的客流量，是传统技艺销售和宣传的保证，但是店面也力图提供安静、轻松的选购环境。

世家店面，在天津市古文化街宫北 11 号，(022) 27359995。

般若

弘
一
書

第 四 章

CHAPTER IV

———

我和
我的美术馆

历代古典作品收藏

———

　　泥人张世家，拥有近两百年的历史，经六代相传，一路从传统艺术中走来。如今已设立了泥人张美术馆、798 张宇雕塑馆、以及泥人张世家绘塑老作坊滨海中心二家展馆。这些展馆收藏并展示了泥人张世家近两百年的众多精致艺术品，系统地陈列展示了一百九十三年来世家历代大师的艺术发展史。

世家客厅

在天津古文化街，我的店面旁边有条胡同"通庆里"，里面有几座小四合院。其中有一座院落，就是我的"泥人张美术馆"。

我爷爷和父亲长期在博物馆工作，他们对博物馆事业有自己的深挚的情感和热爱，在一段时间里也认为博物馆是唯一保存传统文化的机构，也是研究传统文化的最好机制。

随着时代的发展，我父亲认为，在大型博物馆中，对专业项目的投入会非常的稀少，即所谓全而不精。大型博物馆只会对历史上最为精彩的作品，做出重复的研究与出版整理，而对历史其他方面的文化，则有着某种傲慢的轻视，这使得我们各个博物馆，只有最佳的作品展出，没有对当时历史完整的介绍与深入民众生活的美术研究。

我的"泥人张美术馆"是在我父亲的小型"泥人张博物馆"基础之上建立的，里面陈列了"泥人张世家"前几代的一些经典作品，也包括一些历史上的残损作品。

这些作品除了家传的前代作品外，大多为在20世纪七八十年代，我父亲从亲朋处收集而来的作品。那时候这些作品还不是人们所宝贵和珍惜的文物，或者历史遗留。人们视其为家庭的累赘或者可有可无的装饰，得知父亲的用意，大多很慷慨地赠送了。

这些作品绝大部分是当初我的先辈赠送给朋友的作品，历经多年遗留下来，再回归到张家陈列，是历史因缘的流转。

除此之外，还有一些历史照片和史料，它们是历史的遗留。我父亲在长期的博物馆工作中，养成了整理档案的习惯，对之前的档案用心收集，对当时的档案细加整理，保留下来。经历了几十年的时间，这些也是非常宝贵的历史资料了。

这个小小的"美术馆"在几经易址之后，近二十年一直坐落在天津古文化街通庆里。这个小小的院落是在文化街改造时，留下的几座清代院落之一。院子很小，风格也不是传统的津派建筑，而是南北结合的独特院落建筑。进门只有一个小院，两边是两层的厢房。每间展室的面积都不是很大，作为一个专题博物馆而言，显然是有些狭窄。这些展品和史料加在一起，也不足以撑起一个正式的博物馆的体量。但是作为专题文化项目的展陈研究而言，也是绰绰有余了。

所以我只是把它当作"泥人张世家"的客厅，接待南来北往的爱好者的会客厅。这反而使其更有人文气质，也成为天津旅游的"网红打卡地"。

无能为力的研究

几十年的遗憾，总是说来心酸。

在这个"美术馆"中，在这个小小的客厅中，除了陈列世家作品之外，更重要的是对传统技法的整理和研究。对中国古典雕塑而言，从审美经验和技法的记录上，都缺少足够的重视与研究，更没有相应的理论文章。

所以父亲从筹备建馆开始时，就特别希望开展相应的研究。作为他的学术继承者，我对此也十分的重视，将其作为一项重要的工作，一直着手展开。但很遗憾的是缺少相应的人才，毕竟我作为从业者，并不能很好地去做理论的研究。

　　研究需要史论学者以旁观者的角度，作独立的记录和批判，这才是有价值有意义的理论研究。作为创作参与者，自说自话，虽然也有其价值，但始终不是研究的正统路线。

　　传统雕塑作为研究对象，并不被美术界所重视，也没有相应的培训机构与教育人才。现在的美术大学纷纷成立的史论系往往是自说自话，在传统绘画书法研究中悠然自得，稍加抄写一遍，就可以有良好的学术地位。对传统雕塑的研究，这种受累不讨好的工作，则少有人问津。

　　对现代美术学院史论系学生的学识素养，我也是十分的惊讶，为了学历而耗费几年的光景，实在是令人遗憾的事情。在与多位实习的研究生合作之后，我遗憾地放弃了相关的理论研究，可能现在仍然不是时机。对传统文化的概念式的继承，仍然是学院里的主要流派，没有人会认真地去看事实的真相，做深入的研究。

　　虽然人们一厢情愿地认为传统文化需要继承，需要发展，现实中的无奈与无能为力，可能是我这种在做实际工作中的人，最深刻的感受。它消磨着人的意志与热情，逐渐远离璀璨的文化。简单的抄袭，概念化的传统文化，使得传统文化在失去它的生命力和价值，变为随意拼凑的标本，陈列摆放。偶尔拿出来，评判嬉笑一番，更多的时候则抛于脑后，不再关心。

　　这种理论研究上的无能为力，我想还会延续很长一段时间，我期待着未来会有真心的爱好者拥有思辨的学习能力，可以重新进入研究行业，开始真正的传统文化研究。

都市对艺人的冷漠

再怎么努力，沙中也挤不出奶来。

虽然有情怀和努力，但在都市中，像我这种靠传统技艺吃饭的匠人却日渐稀少。他们大多生活在每个城市的古文化街，为各地游客所诟病。偶尔，有些酒店邀请其在走廊支张桌子，做个展卖，都会成为生活里的重大外事活动。像我这样收入尚丰的，屈指可数，而建立自己的经营团队，设立独立的研究机构的传统工匠，少之又少了。这使得我让同行很不舒服，可是六代人都是这样过来的，也就适应了。

同行的鄙夷与理论界的排挤，不足挂齿，但是社会的愈加冷漠，则于我有刻骨之寒，时刻惦念，以致辗转反侧。

一文钱难倒英雄汉。民众总是用购买展示对工匠的巨大影响力。

当代工匠们，对于传统工艺的拿来主义，只要其皮毛而不做深入的研究，在技法上一味地抄袭，将抄袭作为继承。以之前的标准为评判准则，或者将自己独特的语言当作艺术的风范，都使传统工艺在当下始终找不到明确的出口。

民众对其变幻的形象表示无奈。虽然希望看到传统工艺作品的独特的表达技法的精彩呈现，但对其飘忽不定的形象又表示迷惑，很难亲切地靠近，更不用说购买了。

这种混乱的现象是来自于当下创作的自由、随意，以及人们生活的稳定和富裕。看似混乱，却提供了更多的机会和探索的路径。

所以，我一方面困扰于这种混乱，另一方面又欣喜地总能从中发现未来优秀的影子。

在当下传统规范被打乱的时候，无论是去研究传统审美准则，还是开拓自己新的艺术流派，社会好像都不需要过多的理论研究与解释，人们只希望看到与众不同的作品而已。

理论研究本身处在被忽略的地位，虽然最近几年国家也在这方面投入了很多关注和力量，但在出版的研究图书中，总是使人感觉到牵强与勉强的拼凑，而非勃勃生机的自然呈现。

这种牵强与勉强也会让人们感觉到一丝的不爽或者困惑。比如，前几年《百鸟朝凤》的推广。如果传统文化都以正确的道义为要求，而作为人们欣赏的准则和原因的话，那么它被淘汰也是理所应当的事情了。

这种对传统理论的忽视，并非是人们有意的漠视，而是本来就具有的自身状态。民众需要匠人的作品，而匠人却不需要传统理论。

传统文化是一种生活方式，人们在日常生活中"日用而不自知"，传统工匠作品，只是之前人们习以为常的习惯与陈设，并非用来故意炫耀或彰显的作品。

这种传统的生活方式经常是很悠闲，人们需要用它消磨时间。有时为了使这种生活方式更精致，需要工匠制作更为精致的日用品，这些作品在人们的生活中曾经处处可见。

但现在都成了生活里不太自然的存在，它不再是一种平常的生活方式，而需要人们在生活之外另辟时间与精力，去做这件事情。当代人闲暇时间的减少，参与其中，成了小众人群在生活之外的爱好。

这种改变也使传统文化从生活方式变为稍有矫情的存在。人们很难使这种传统生活方式和当下的生活形成良好的融合。所以人们总在说传统文化很好，但与我的生活无关。人们对传统文化好像是面对一个陌生的世界的陌生习惯。偶尔尝试着去认知，但这种尝试甚至比人们去学一门新的语言还要困难。

对我这个都市艺人，一样的与环境格格不入，总令人感慨。但我还是靠自己的努力经营，影响了一些知音，营造了自己的艺术生活环境。

对我而言，我是都市里一个传统艺人，这仅仅是我的生活习惯而已。在外人看来可能在创作着独特的作品，有着自己不一样的生活方式，但是对我而言一切都是在旧有的时光里的延续。

创作是我的生活方式，而并非是我独特的工作。

在当下，传统文化确实已经不再是人们的生活方式，不再是人们生活里的一部分，人们对它们的认知，就像是对另一个文化系统的审视，甚至有些像是看动物园里的动物。人们试图和它们产生情感沟通，但这一切都需要符合时代的改变，并非仅仅凭借情怀可以达成。所以传统文化不会消失，但也并不会恢复成以前的那个样子。

对传统文化的传承，有的时候最好的方式，就是把它原封不动地陈列封存，让后人知道，文明曾经有过这样的一种形态，我们曾经这样生活过。而不是让这种生活持续不断地延续下去，我们已经用自来水了，又何必再辛苦地去打井水。

我的小小的美术馆，一方面是"泥人张世家"的文化的客厅，欢迎人们来做客、了解，另一方面，它对历史并非是弘扬和评判，而仅仅是记载。

它只负责记录，而不负责评价。

我只认真地记录传统文化曾经存在的方式，展示实物，而不会从现在的角度对传统文化提出评判与评价。毕竟这种评价随着时代的变化，是时时在变的。

有时人们认为，传统文化优秀，具有无比的价值；有时认为，传统文化应去其糟粕取其精华；有时认为，传统文化已经是过时的生活，不必再过多地投入精力。这些都是因时而变的评判，它并不在我研究的范围之内。

作为一个研究者，我更专注于记录而非评价。

有时，我对社会的很多研究者充满着无奈，我总觉得他们的那些语言、文章就像是通用的服装一样，每个人穿上都可以。每一个传统项目，似乎都可以用精致、雅致、认真、传统、优秀等词语来评价。这些评价，就像物品上的灰尘一样。不能使物品更加精致精彩。人们要看到物品本身，要先掸掉这种灰尘才可以。

所以，我继承了我父亲和爷爷的博物馆学专业精神，我只记录曾经存在的文明，我们只保留曾经存在的文化现象、保存技法、保存实物、记录经历，而不会评价。

泥人张美术馆

　　泥人张美术馆，是由我主持设立的私立美术馆。馆内收藏有泥人张世家近两百年历代大师的经典作品。除此之外，还有历史照片、书信、书籍等等各种史料陈列。

　　这里以展览的形式，汇聚各方的观点，让分享和发现成为自然的流动。展览会尽量提供作品的背景和内容解释，我也愿意听到人们对历史的新鲜感受。

天津市南开区古文化街通庆里 4 号院
10:00—17:00
+86（022）27359995

泥人张美术馆坐落在店面的旁边。在店面参观后的顾客，可以很方便地继续了解历史。这也是当初确定美术馆地点的初衷。美术馆的建筑是由一个老的四合院改建的，这个四合院虽有百年历史，却并不是天津传统建筑，是当时天津市各种建筑风格相融合的产物。

建立这个美术馆的初衷，也是希望人们可以了解在近代天津西方文化和东方文化相碰撞、中国南北文化相交融的背景下，泥人张世家雕塑风格的确立和发展。

　　美术馆的建筑，是由两座二层楼围合而成，中间有一个院落。院中建有中式屏风墙，但是明显不是四合院的结构。在一百年前，二层的建筑在老城的附近，并非主流建筑，这座由南方建筑师设计的建筑，更是独具时代风格。

　　这座建筑经过一百年的更迭变化，曾经居住了十几户人家，在 2004 年经历了最近的改造，成为泥人张美术馆。严复先生翻译《天演论》，也就是达尔文的《进化论》时，就是在这座建筑中。

艺术品经营工作会对艺术家产生影响，虽然艺术家并不太在意作品的销售，但这种影响依然存在。艺术家如果完全脱离这种工作，也会失去新鲜的感受。所以，我更愿意通过展览的过程，保持和艺术品与消费者的联系。

世家
陶缸

世家陶缸是清末时期烧制
缸的底座，则是宋代的建筑残遗

清末泥人张世家老作坊用来沉泥的
陶缸，经历百年岁月的洗礼，
现在它已不再被使用而用来陈列。

在院中，有一口清代的陶缸，它有半人多高，清末时烧制，缸身比一般的水缸多了许多花纹，显示出了不一般的特点。这只缸，是清末泥人张世家老作坊中用来冶泥的陶缸，经历了一百多年的时间。现在它已经不再被使用，而用来陈列，是以实物将过去的时空带到现在的存在。缸的底座，则是宋代的建筑残迹，历史在这里静静的延续。

在陶缸的旁边，则是作坊中用来锤制泥料的石案，历经捶打，虽有斑斑痕迹，但依旧坚实。

般若

山不在高，在在高

美术馆的设立，来自我父亲的设想和研究基础。他长期从事博物馆工作，一直担任天津艺术博物馆的研究员。在自己的艺术创作之外，他更希望可以有一家非营利的专业泥塑博物馆，以研究者的身份完成自己的另一个理想。为此，他进行了大量的准备工作：史料的收集、作品的鉴定、历史典故的调查、雕塑理论的文字化。虽然当时的社会条件还不完备，不能完成这一设想，但是他为美术馆的建设打下了坚实的基础。

美术馆的设立

在 2003 年，社会对非营利机构的设立提供了允许和鼓励的政策，政府部门也依法设立了登记管理规定。在父亲的支持下，我登记成立了"泥人张美术馆"，使其不再是"泥人张世家"企业的附属展室，而成为一家小型专业的非营利文化机构。

泥人张美术馆设立后，得到了政府的支持——在文化政策上积极鼓励

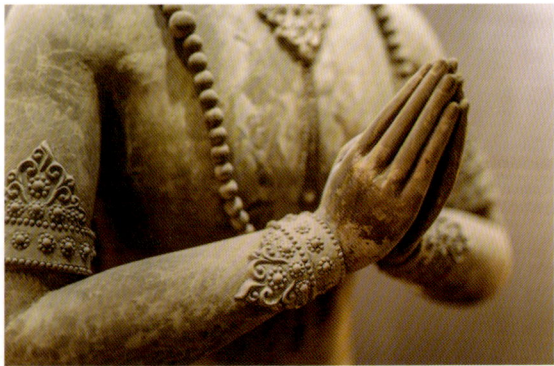

美术馆的建设和对外交流。美术馆在运营中也成为天津的文化代表。

作为美术馆的设立者，我并不希望美术馆成为简单的展览和收藏机构。在文化风潮变化丰富、艺术形式偏好格局宽广的天津，以一个奇迹般地艺术家族的展览，表现直接的线性的艺术历史，也是极有价值的。

现在民众对自己的艺术史，其实是忽视和带有功用性的。人们在生活中并不在意艺术史的存在，而且更希望以自己的方式解读，重新解释艺术史中的文化符号。

重新解读，则使艺术家与民众对立了起来，双方不再理解，保持着疏远的崇敬。

人们接触的艺术品信息更加碎片化，数量巨大的碎片信息使得民众对艺术品拥有自己的认知。虽然表面上愿意接近艺术品，但不再接受与其相悖的观点。

我希望美术馆成为策展人、历史学家、艺术评论家、艺术品经营者、民众共同参与的平台。在这个平台上，

人们不必试图建立对艺术历史统一的观点，或者接受既定观点，而可以以自己的视角、需求，甚至个人经验，重新解读表达自己对艺术史的感受和见解。

也就是说，我不希望它成为人们了解艺术历史的场所，而希望美术馆成为人们感受艺术历史、表达见解的空间。

泥人张美术馆的故事

作为非营利的艺术机构，泥人张美术馆经历了两代人的努力。我父亲和我，都对它投入了大量的精力。

在 20 世纪 80 年代，人们的审美标准倾向于新的形象。传统的木制家具、建筑形式、日常用品被人们遗弃，没有人会认为这些还有价值。现在社会对于文化公益事业，仍认为需要国家机构才能完成。

在这样的环境中，张乃英先生开始自己的梦想，积极筹集美术馆的建设基础。他认为，泥塑需要一个专业的、非营利的艺术机构，来进行相关理论的研究。历经几十年的积累，完成了大量的基础工作。

在 2003 年，我在完成了资金和硬件的准备之后，正式设立了"泥人张美术馆"。在十几年的继续建设中，使得美术馆在理论建设和展览方式上逐渐有了自己的风格。在艺术创作之外继续自己的艺术理想。

仕女题材是传统泥塑中很难表现的题材，但是在清末，张明山先生将其发挥得巧妙自然。张玉亭先生则以不同的简练，将仕女的安静表现得更加独特。但是这种宁静的气息与现在人们认知中的典型仕女形象并不相符，此时的审美碰撞会带给观赏者以新鲜的艺术感受。

在一百多年中，有关泥人张世家的书籍数量众多。虽然大部分只是浅浅的猎奇式的记录，但也从另一方面记录了泥人张世家的历史。各种以泥人张世家历代大师的作品为内容而发行的各国邮票、明信片也是爱好者喜爱的收藏品。

感受美术馆

    泥人张美术馆力求成为一个专业学者、艺术家、评论家、民众共同参与、共同表达的平台。尤其是民众的参与，轻松的介入，体验到美术馆的存在，是尤为重要的。所以美术馆里专门设立了活动空间，使民众可以亲手感受泥塑。

技艺是快乐的

    泥塑，无论作为传统技艺，抑或是陈设的作品，都应是快乐的。而美术馆中的体验，可以使人们直接感受到这种快乐。在人们亲手制作泥塑时，人们更为理解泥塑，也更为接纳这一传统技艺。这种快乐，包括努力、认真、尝试、成功或小小的挫折；这种体验，是大家非常喜爱和愿意尝试的。

艺术史展览

　　泥人张美术馆，力图通过线性的历史作品展览，使民众清晰地了解近代历史背景下，泥塑历史的面貌。所以按照时间的延续铺陈展览参观的线路，虽然使题材分散，但仍能快速地了解感受到艺术历史。美术馆也专门设立了参观者方便留下自己观点的留言簿，也会组织爱好者一起探讨聚会。

学生的历史学习

　　天津学校对地方乡土教育，历来是重视的。所以经常有小学、中学、大学的学生，来到泥人张美术馆参观学习。对学生的参观内容，就不仅仅是作品本身，与其相关的作品故事、历史背景故事，更是孩子们的兴趣点。

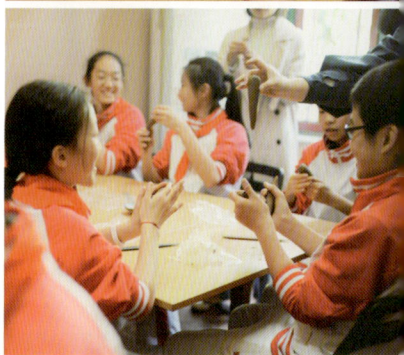

体验泥塑

　　来自学校组织的学生们，在参观展览之后，开展了泥塑的体验。其中既有使用黏土泥料制作的，也有使用新型彩色黏土制作的，不同的体验，都会有各自的感受。这已经成为孩子们最感兴趣的项目。

互动参观

　　对想象力丰富的孩子们而言，参观历史作品，无疑是快乐的事情。而孩子们在参观时，对历史的见解，有时也是令人新奇的。他们往往有自己的观点，带有鲜明的自我经验。这些观点新奇有趣，可以为文化的发展带来更多的借鉴。这种互动式参观，是美术馆努力探索的。

非物质文化遗产

2006 年，泥人张世家泥塑列入中国非物质文化遗产名录，中国文联授予我"中国民间文化杰出传承人"称号。一年后，列入天津市非物质文化遗产名录。经过十几年的发展，泥人张美术馆为中国非物质文化遗产的建设，做出了重要贡献。

社会责任

在完成美术馆的专业工作之外，我也非常重视美术馆的社会责任。美术馆会定期为福利院儿童提供美术教育，并探索以立体认知恢复儿童理解能力。公安、医学部门也会和美术馆开展跨界合作，利用各种形式开展社会实践、宣传，共同建设文明城市。

作为传统技艺的实践者，我的时间总是不太够用。美术馆的社会工作，有时必须要实地完成，所以我在作坊之外，有时也会在美术馆进行创作。但是艺术家作为艺术实践者和社会工作的参与者，两个身份的矛盾，在外人看来这是应该回避的。

　　我始终认为，东方的艺术家是努力建设美好生活的实践者，而艺术作品只是人生感受的表达，艺术家人生的"副产品"。

在清末，泥人张世家主动对西方文明的文艺作品进行
了解并与其相互交流。在最初的技法中，可以鲜明地看到
西方文化的痕迹，其写实技法中，明显受到欧洲小型架上
雕塑的影响。因此在清末，泥人张世家的泥塑风格是以前
卫的姿态出现在艺术史舞台上的。

泥人张世家也十分重视教学工作，第一二代不
仅将自己的儿子送到国外留学，而且也在作坊中教授
留学生，成为东亚雕塑的代表作坊。在教授中，作坊
从欧洲采购了大量著名雕塑家作品，作为学生学习的
素材。

　　在张明山先生的写实作品中，也意外地留存下了历史的真实形象。在当时，摄影技术尚未出现，后来传入中国，也是昂贵的技术，并不能留下太多的影像。而写实的绘画和雕塑，很难到达相片的真实与细节。张明山先生的作品，则真实地留下了那段时间的某些印象。如《余三胜像》就记录了京剧最初的形象，与现在的京剧形象大相径庭。

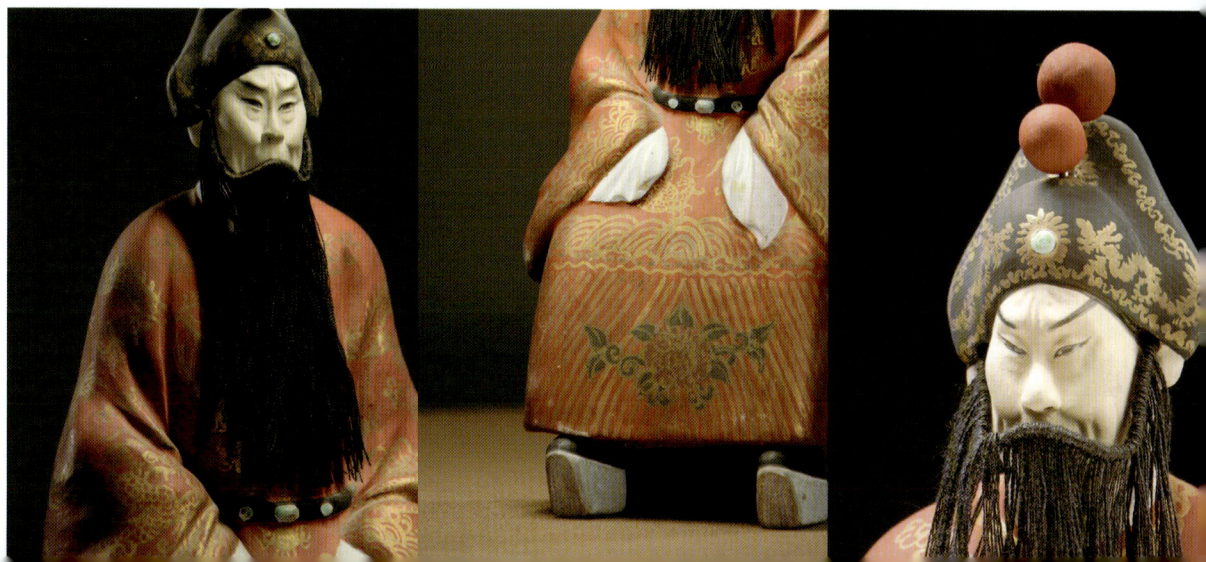

展览的作品会定期更换，以保证对作品的保护。这些作品经历了近代天津动荡的时局，因为特殊的泥料和工艺，大部分作品依然保存良好。张明山先生的作品和张玉亭先生的部分作品成为国家一级保护文物。

　　《钟馗嫁妹》是中国传统典故。相传钟馗有个同乡好友杜平，为人乐善好施，馈赠银两助钟馗赴试。钟馗因面貌丑陋而被皇帝免去状元，一怒之下，撞阶而死。跟他一同应试的杜平便将其隆重安葬。钟馗做鬼王以后，为报答杜平生前的恩义，遂亲率鬼卒于除夕时返家，将妹妹嫁给了杜平。《钟馗嫁妹》成为古代绘画和戏剧的一个重要题材，受到人们的普遍欢迎。

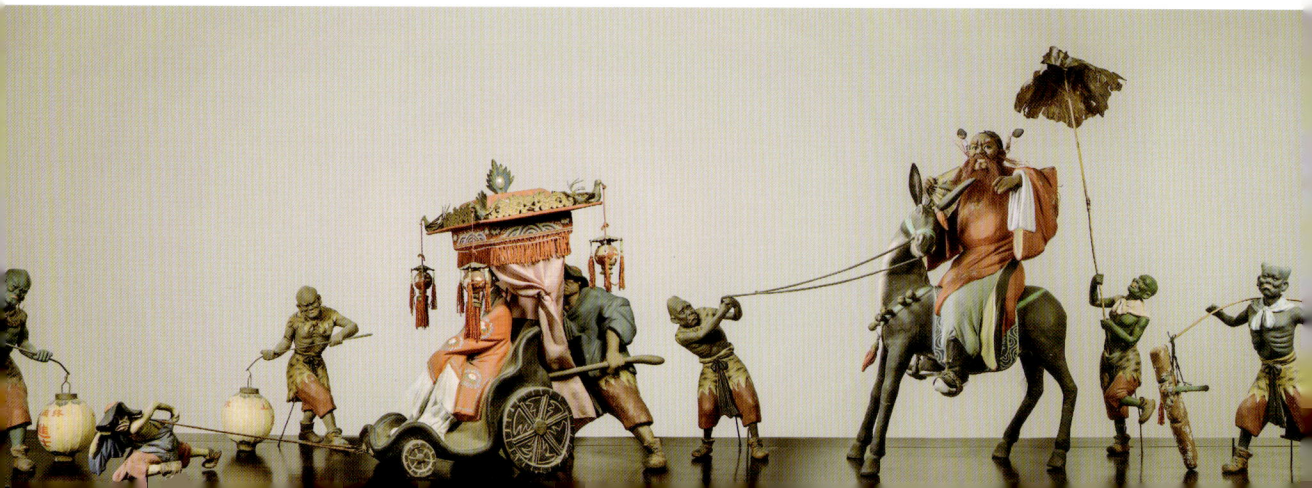

张玉亭先生的《钟馗嫁妹》作于天津军阀混战时期。因为愤慨于时局的动荡，民众生活的不堪，张玉亭先生按照天津结婚风俗，在作品之前加了一套仪仗队。将真实的社会官僚、军阀形象塑于其中，既是鬼形，又是真人。艺术史称其为"近代最早的批判现实主义作品"。

在扎伊尔，发行的《钟馗嫁妹》邮票

这套作品，在天津艺术博物馆藏有一套，在泥人张美术馆藏有一套，在香港有一套。以婚嫁、丧葬仪式为题材的社会风情作品，也是清末泥人张世家的重要题材。

在亚洲集邮展上，俄罗斯发行的《钟馗嫁妹》小型张邮票

798 张宇雕塑馆

泥人张世家在北京的 798 艺术区设立了"张宇雕塑馆"。798 艺术区为当代艺术画廊和艺术馆的聚集区，在其中设立传统艺术的艺术馆还是较为少见。

我认为，传统艺术并不是固定的语言风格，只是情感表达的一种方式，在理解时，它与当代艺术是相通的。

"张宇雕塑馆"并不是以作品为主，而是以展示空间为作品，以传统雕塑为符号，建设当代艺术空间，一起碰撞，完成新的空间建立。

北京市朝阳区 798 艺术园区_____张宇雕塑馆
10:00—17:30
+86 (010) 57626389

我的作品，以写实的技巧，完成新的人物形象。作品以小型架上雕塑的形式，形成新古典主义雕塑。在新的空间中，我的传统雕塑语言不再表达传统的意义，而是成为当代艺术的符号，具有了现代意义。

　　历史的照片，无声的忠实再现曾经的空间与时间，也充斥着摄影者的偏好，构成现在看到的不完全的历史。这样构成的泥人张世家的历史，成为展览的一种语言。历史被符号分解，又构建着另一重空间。

在我的作品中，人物的真实身份、是否有历史典故可以佐证，都不再重要。我力求作品以意象化的语言、特有的孤独情绪，表达自己对情感的观点。

798 张宇雕塑馆是一个具有个性化的艺术馆，忽略曾经的历史。在我看来，回归传统就是背叛。传统本身来自人类的创造力，而不是规范。回归到传统的规范、模式，便是对创造传统者的背叛、对创造力的抛弃。

　　我将馆址选择在当代艺术聚集区，也是因为自己对当代艺术的喜爱。作为传统艺术的从艺者，我有许多当代艺术圈的朋友，我自己也非常欣赏当代艺术的直白，它是具有创造力的语言。我认为，传统艺术在摆脱实用性、作为表达情感的语言的同时，和当代艺术具有相同的表达程式，都是情感光芒的绽放。情感和艺术，如灯与光，灯不在，光必不在。

现代艺术品的经营，过于强调作品的现实价值，若艺术失去心灵的交流，它便不再是表达和感受的过程，而成为冷冰冰的理解方式。社会需要提供感受艺术的空间，而非进行艺术教育或古董交易的场所。在张宇雕塑馆，每位参观者都有自己的解读，完成感受的过程，而这个过程，因每个人的经验不同，而有各种各样的感受与解读。

　　艺术空间与人们的需求息息相关，现代社会的艺术空间功能有太多的教育、交易功能，而人们对艺术的表达和感受的需求却被忽略。所以，当书斋、画庐、作坊重回生活之时，人们的艺术表达能力才会有转机。

　　在这样的空间中，艺术的表达更像是身体的自由运动，不受理智的控制。

泥人张世家绘塑老作坊滨海中心

　　泥人张世家绘塑老作坊滨海中心，是设立在天津滨海新区的泥人张世家展馆。在展馆中，有泥人张世家古典写实主义风格的肖像作品。它们代表了泥人张世家的起源，是张明山先生的代表作品。除古代作品之外，更多的是泥人张世家近代作品，以我的创作为主。

天津市滨海新区滨海文化中心美术馆二楼
周二至周四 10:00—18:00　周五至周日 10:00—21:00
周一　闭馆

　　泥人张世家的展览，总是可以吸引许多市民参观。因为其独特的雕塑语言，使得参观者可以很好地理解作品，又因为其独特的传统气息，会使参观者获得新鲜的感受。由作品衍生的各种各样的文创品，也会唤起参观者的极大兴趣。

在泥人张世家的展览中心，人们需要的不是被教授如何去欣赏作品，而是与作品独处的空间。在这里，参观者可以休息、可以读书，也可以只是静静地坐着。作品与参观者的交流，并不仅仅在对视的那一刻。多种的陈设方式，可以使人们了解到更多的作品信息。这样，作品在几个展馆间轮流更换的同时，参观者也可以更全面地了解泥人张世家的历代风格和不同题材的作品。

泥人张世家也会尽可能地设定每期展览主题，并按主题选择作品，以期达到最好的展览效果。可以把由作品、讲解、衍生品和环境共同营造的展览，看作是一件单独的作品，必须仔细对待。每次展览都是一件艺术品。

泥人張世家繪塑老作坊
濱海中心

泥人張世家繪塑老作坊·濱海中心
CLAY FIGURINES ZHANG · SINCE 1826

泥人张世家滨海中心展馆，坐落于滨海文化中心，在此与滨海美术馆、图书馆、剧院、演艺中心聚群而居，形成滨海新区文化交流中心。

展馆通过实物的展现、艺术空间的营造，使人们可以更为直观地欣赏到雕塑作品。

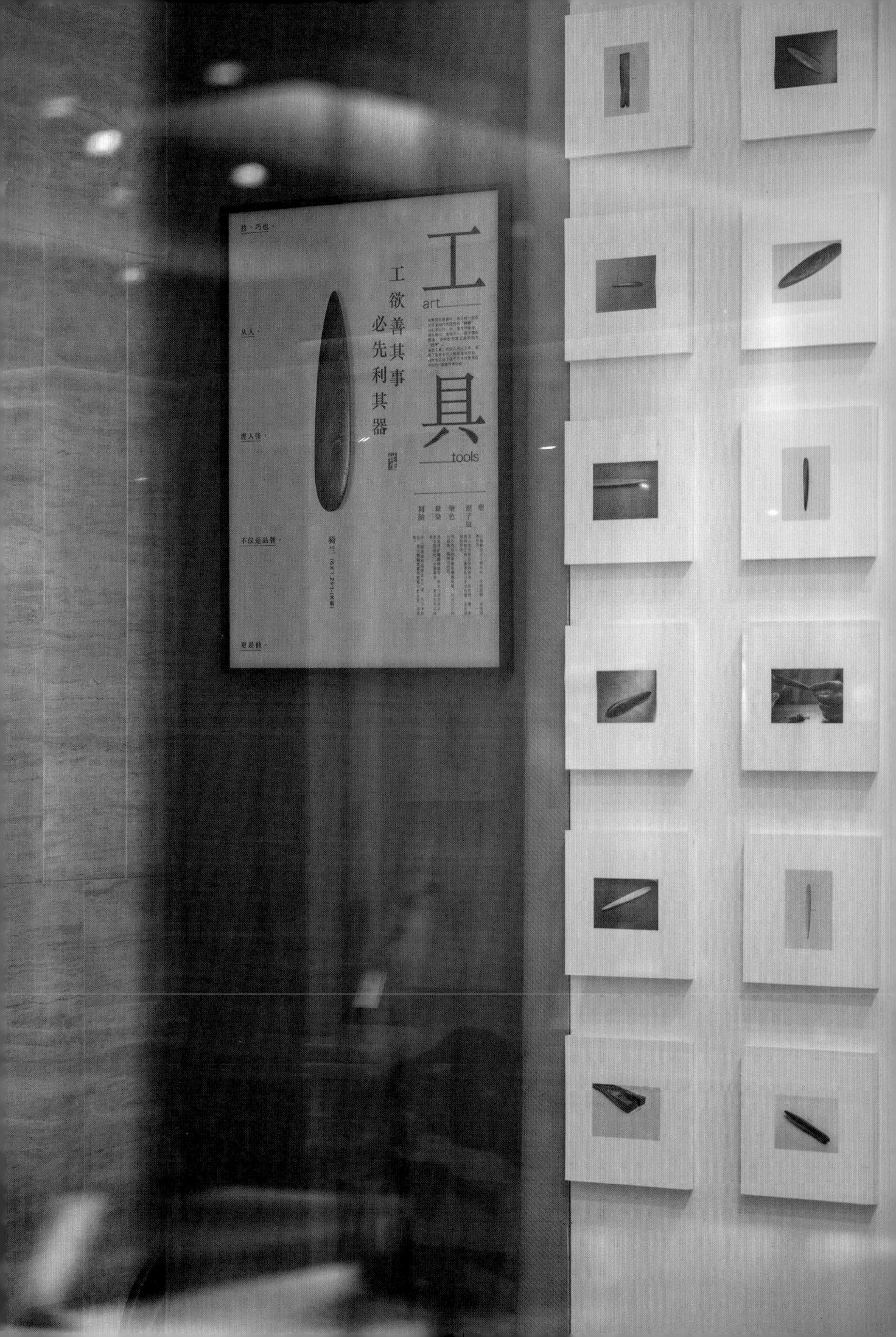

工
art
具
tools
工欲善其事
必先利其器
技，巧也，
从人，
泥人张，
不仅是品牌，
更是他，

虽然泥人张世家起源于天津，但是之前人们接触到泥人张世家泥塑作品的机会还是很少的。展馆的设立，为人们提供了一个良好的互动环境，让人们在了解作品的同时，可以获得照片不能提供的更为丰富的感受。而且，展馆也可以让人们将自己的感受传递给创作者。

第 五 章

CHAPTER V

————

我和
我的作品

古典主义雕塑

————

　　浪漫的写实主义风格，一直是泥人张世家历代大家作品的主
要特征。这种写实风格，受到了西方小型架上雕塑技法的影响。其
将写实技法与中国彩色雕塑相融合，形成了独特的小型架上雕塑
写实技法，自由地表现作者对现实社会的观点和自己的情感。这些
观点与情感，借助真实的人物写生或虚构的故事人物，展现得淋漓
尽致。

张明山的肖像艺术

　　在张明山先生生活的年代，天津是仅有百余年历史的水陆码头，其地理位置十分重要，东临渤海，作为京畿门户，是中国南北交通要道。随着盐业的发展、漕运的繁盛，天津逐渐成为北方著名的商埠。城市商业和手工业繁荣发展，市民阶层相对扩大，在此基础上产生的文艺，无疑带有强烈的市民色彩。产生在这样历史环境中的"泥人张"艺术，适应了市民阶层的审美需要，属于市民文艺。

　　市民文艺产生于宋朝，彼时封建社会逐渐没落，资本主义萌芽产生，市民阶层开始兴起。新兴的社会力量不断壮大，对审美理想有着新的追求，极力想认识社会，其特点是重视现实、讲究功利。由此，在中国艺术史上，再现艺术发展起来，到明末出现高潮。随后因政权的更替，少数民族建立了清王朝，市民文艺的发展遭受挫折。清朝中叶，在沿海的商埠——天津，兵乱逃难已过，社会趋向安定，人民生活得以安稳下来，经济渐趋昌盛，于是市民文艺又得到了发展，并且形成一个带有地方特色的文化，这就是以"泥人张"彩塑艺术、杨柳青木版年画、各种曲艺戏曲，还有木雕砖刻、剪纸风筝及地毯为代表的地方民间艺术。其规模之大、成就之高、影响之广，是同时期其他地域所难以匹敌的。

　　"泥人张"艺术显然带有强烈的市民色彩。随着商业经济的繁荣，天津聚集了很多商贾，他们生活殷实、追求浮华，从而影响着社会风气，致使写真——肖像艺术得到空前的发展，这才造就了张明山捏像传神的绝技。"泥人张"是以肖像艺术始名的，《天津志略》载有明山先生传略："精于捏塑。能手丸泥于袖中，对人捏像且谈笑自若，从容不迫，顷刻捏就，逼肖其人。"在肖像艺术的创作上，明山先生表现出特殊的才能。现今保存下来的遗作中，有四分之一为肖像作品。

刘国华像

彭掌柜像

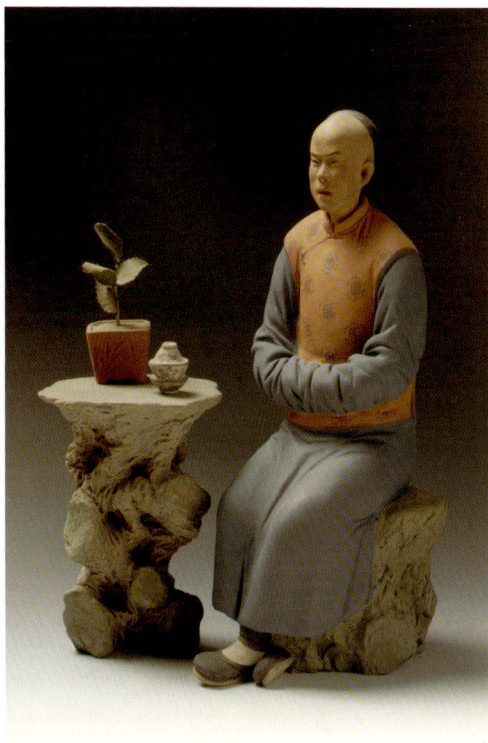

严振像   刘小亭像

　　观赏张明山先生的肖像作品，足以令人信服其作品神貌与真人逼似。他在处理肖像创作上追求生活的真实感，着意神情意态的刻画，强调性格的塑造。

　　作品《刘国华像》表现的是一位木匠，名雕花能手，人称"花活刘"。泥塑性格刻画得神微绝妙：面庞清癯结实，眼神深沉敏智，气度大方朴实。似劳动过后，随手将帽子扣在头上略嫌偏后的戴法。两腿自然叠跷，骨节凸显，双手随意屈伸，精细入微地再现了一位久经劳动生活的心灵手巧的年老艺人。不难发现，他非一般出卖体力的劳动者，而是略显文雅气质，平易近人的巧手名匠。

　　磨面作坊的《彭掌柜像》居小康之家，生活丰实而安稳，舒逸的生活令发胖的身体变了样子，没有脖颈的脑袋，似乎直接从宽肥的胸腔冒了出来。生活的闲适享乐、文化贫乏，使他面容浮胖、双眼疲倦，表现出无所事事的麻木表情，双手扶膝的故作庄重的姿态，恰显其因生活的富有而产生的自负心理，对其性格的洞察与刻画，可谓是入木三分。

　　《严振像》刻画了一位学者，张明山将其构思为正襟端坐，身着长袍马褂，右手持书，悠然静思。面容清润，肤色净白，嘴角稍沉陷，略显微笑之容，恭谨谦和，气质不俗，俨然饱学之士的风度。

　　画家《刘小亭像》，安稳静坐，头略前倾，秀眉微皱，双目凝视沉思，似乎画家正为构思新作而紧张地思虑着，嘴角略上挑，咬肌较显现，好像画家对先前的构思有了把握，观者觉得画家即刻就要动了起来，马上就会泼墨挥毫，以尽其成竹在胸、不吐不快的创作欲望，把画家的性格、情绪及长期从事创作的特征，逼真地再现了出来。朴实的动态，简雅的服饰，尽现皱褶的长衫，活灵活现地绘塑了一位生活清贫，性格刚直，热爱自己事业而又有些不拘小节的画家形象。

上述肖像作品，皆坐式构图。仔细观赏，变化生动，并不雷同。张明山抓住对象神貌将其逼真再现，强调一刹那的动态和神情变化，塑造出不同年龄、不同外貌、不同身份的真实逼肖的形象，令人信服地表现出不同情绪、不同性格、不同社会属性的活生生的人物。张明山先生不愧是一位以彩塑艺术为手段，刻画性格、捕捉情绪和揭示对象内在本质的高手。

在我看来，张明山先生的肖像艺术，最显著的艺术特征是偏重再现的逼真性，追求形神兼具的完美性。

张明山的塑像，要旨很明确，以形写神，求得神形毕显的完美，同时不放松艺术家的主观情怀意趣的追求。但是，与传统雕塑艺术相比较，其显著特征是：更偏重再现的追求，他捕捉刻画了细腻真挚的感情，追求了官能感受的形象逼真，构造了彩绘幻觉的真实，突破了传统艺术中类型化的形态，成功地强调了艺术的个性化和典型性的特点。

"泥人张"肖像艺术的形成，基于两种因素。其一，肖像的创作，不同于神佛圣贤之像的塑造，圣贤、神佛是为了表示敬畏之心，可以揣测其形，想幻其容。给现实生活中的人做肖像，就得要求栩栩如生，不能不以逼真为主，要惟妙惟肖。"空陈其形"或"得意忘形"都难成为肖像艺术的上乘之作。其二，"泥人张"的肖像艺术终归是适应市民审美需求而发展起来的，市民要求细节的真实。张明山以他卓绝的写实才能，将神形俱佳的肖像艺术，发展到脱俗的水平，不仅征服了欣赏者，也提高了欣赏者的审美层次。提高后的群众审美理想，又反馈到他的艺术实践中来，这样循环往复，使现实生活、艺术家的创作和群众的审美需求，形成一种有机整体的关系，从中造就了"泥人张"肖像艺术偏重再现的特征，这成为"泥人张"艺术较稳定的艺术特色。除肖像艺术外，张明山先生的佳作《蒋门神》《渔樵问答》《老者》，张玉亭先生的《二学士》《吹糖人》《挖耳僧》《渔翁》等皆是肖像式的创作，无不带有上述的艺术特征，展现了"泥人张"艺术的独特的肖像美。

老者像

拥有内向心理结构的中华民族，历史上以抒情性的诗、歌、舞较为发达，因而注重表现的艺术居统治地位。明朝中叶以后，小说、戏曲成为时代主导的艺术样式，偏重再现的艺术发展起来，强调具象美的美学倾向，一直影响波及现代的民族艺术风貌。在民族艺术形态演变的洪流中，强调写实偏重再现的"泥人张"艺术在造型领域，取得了令人瞩目的成就：民族雕塑艺术发展到清代时期的高峰，当属"泥人张"的作品，其艺术水平超过了正统的人物画。"泥人张"艺术以其独具特色汇流于传统艺术长河，犹如一股激进的出涧山泉在民族艺术形态演变的波涛中，溅起一朵光洁异彩的时代浪花。民族艺术传统，在"泥人张"风格艺术中，得到了创造性的继承，并以其杰出的艺术成就，确立了在民族艺术史上的重要地位。

艺术大师徐悲鸿先生，1931年观赏过张明山的肖像作品，给予了高度的评价："其比例之精确，骨骼之肯定，与其传神之微妙，据我在北方所见美术作品中，只有历代帝王像中宋太祖太宗之像可以拟之，若在雕刻中，虽杨惠之不足多也。"他将张明山先生视为19世纪中国有杰出贡献的现实主义艺术大家。

偏重再现的"泥人张"艺术，无疑继承了民族雕塑传统中的写实因素。中国远古的雕塑，多数具有实用和装饰的功能，带有写实和抽象相结合的美学特色。商代以后，雕塑逐渐脱离了实用性的器物装饰，发展成独立的造型艺术。作为随葬物的秦陵兵马俑，魏晋以后成为雕塑中心的佛教造像，诸如：大同云冈、洛阳龙门的石雕、敦煌莫高窟、天水麦积山及太原晋祠的彩塑，在不同程度上，都表现出以现实的人为依据的再现性，正如司马迁的《史记》所说："帝乙为偶人以为天神"，塑造神像是以人为蓝本的，"泥人张"艺术的再现性，正是继承了这种"取人肖神"传统的发展。

木兰从军

但是"泥人张"艺术的再现形式，又明显受到西方写实艺术的影响：对人体与形象的准确塑造，体现出对解剖结构的科学把握，以更为严谨的造型手段，体现了趋时性的再现形式，达到了和同时期西方写实艺术相媲美的水平。

严仁波像

近百年来，中国传统文化一直受到西方文化浪潮的冲击。张明山的艺术活动，恰遇东西文化日益碰撞、交流、融合时期。鸦片战争之后，天津出现列强的租界。西方宗教的输入、教堂的兴建带来了西方宗教的写实艺术。彼时天津成为通商口岸，"泥人张"作品以艺术商品的形式远销海外。据文献记载："现今销售，多系出口，日本约占百分之七十五，欧美占百分之十五。"也不断有西方来津订购者。严先生所撰《张明山事略》记有："天津殡仪之侈，甲于各省，其在大户，则繁缛尤甚。西洋采风者，倩君塑其全式：舆者、骑者、旗者、盖者、钲者、鼓者、丝者、竹者、髡者、髻者、冠带者、缞经者、导者、泣者、步而送者、立而观者，多至数十百人。君则异其状态，使不相复。或顾或俅，或丰或臞，或皙或朱，或昂或伛，或步或趋，或侈或拘，或悲或愉，或欠或吁，或捷或迂，像随心造，触手成趣。"像"泥人张"这样大规模地、几十年不断地进行东西方的艺术交融，在中国近代艺术史上，可谓是空前繁荣。西方艺术的审美观念，必然如市民阶层的审美观念一样，也反馈到"泥人张"的艺术实践中来。西方写实的艺术手段，亦潜移默化地影响着"泥人张"艺术形式的演变和发展，在"泥人张"艺术上也留下了西方艺术影响的痕迹。

我们讲"泥人张"艺术偏重于再现，这是对其艺术的主要特征与传统艺术模式相比较的宏观把握。如果步入其微观的探讨就会发现："泥人张"艺术，有其自身产生、发展和成熟的过程，有着逐步完善的、同中显异的多种样式的倾向。在宏观的把握下，对其审美倾向略做归纳，可概括为两种类型：一种即偏重再现型，如前面所介绍的肖像与肖像式作品；另一种则强调表现型，但不同于其他艺术门类的表现，而是强化表现作为重要因素，渗透和影响再现形式，是建筑在再现基础上的表现。"泥人张"传统上习惯将其分之为写实型和写意型。写实型即偏重再现的作品，注重性格的刻画；写意型即强调表现的作品，追求神韵意境的显现。

"泥人张"艺术中，强调表现型的作品，基本上是《红楼梦》与其他古典题材。对此题材的创作，艺术家在艺术处理上，潜心于意境的创造，强调形式美的纯化。

天津人几乎没买过我们的作品

"泥人张世家"虽成立于天津，但历来天津人却很少能购得我们的作品，这里的缘由要从张明山先生讲起……

御用名家　奇货可居

张明山先生成名之后，在天津买房、置地，便扎根在这片热土了。之所以说天津人买不到他的作品，是因为有两点：一是张明山先生以画为主业，他的画、字，价格不菲。他成名后的泥塑作品，都是赠送给朋友的。以《彭掌柜像》为例，彭掌柜是一位米面铺掌柜，是张老先生的街坊，这件作品就是送给这位好友的。二是作品的价格不菲。在历史中，偶有出售作品的记载，一次是一位王爷邀请其进京入府。这位王爷喜爱与众多各地名匠共同切磋技艺，他按月付银至老家，为张家添产置业。但张明山先生在王府只做了几件作品。再有德国公使委托开滦矿务局买办，请张明山先生进京为李鸿章塑像，所付款项也是巨额白银。因这两点，天津极少有张明山作品出现，就是在天津博物馆里，除了张家捐赠的张明山先生作品外，也是用三件第二代的作品同故宫博物院换了两套张明山先生的作品。故现在除天津博物馆和泥人张美术馆外，想在天津找到张明山先生的作品，几乎是不可能的。没有卖，也就没有买。张明山先生的作品历来奇货可居。

名扬海外　津购无几

到了第二代泥人张，张玉亭先生真的是在卖泥人了，以此为业几十年，还带着儿子张景福、孙子张铭组成作坊制作，张玉亭选择了儿子张景福作为自己的助手进行培养。在泥人张世家中，被挑选进入作坊的子孙，一代中只能有一人，二者的关系既是父子又是师徒。张景福在作坊里长期负责张玉亭作品的最后收拾整理和彩绘工作。祖孙三代人以作坊为业，于估衣街设店。但是，仍然是天津人很少购得。据天津文史典籍记录，作坊里的作品，百分之七十五销往日本，百分之十五销往欧美，在国内的销售量可想而知。张玉亭先生一生创作作品两万余件（其实应是祖孙三代共同完成），留在国内的仅两千余件，再加上北京、山东、广州是购买大户，供天津人购买的数量已寥寥无几。所以现在能够从天津找到民国时期的作品，也是不可能了。

春风化雨　润物无声

第四代泥人张，张铭先生自幼进入老作坊学习工作，和祖父、父亲一起创建了老作坊最兴盛的时期，作品都以张玉亭先生的名义对外销售。1937年天津沦陷，作坊停工十年，直到天津解放。

1959年，受周恩来总理的委托，张铭先生为天津艺术博物馆培养了一百多名模制泥塑的技术工人，制作出口的作品，和天津地毯等工艺品一起为国家赚取了大量外汇。此时的作品已经发展为"天津彩塑"，不再是"世家"彩塑了。

所以张铭先生自抗战后便不再销售作品。中华人民共和国成立后，他一直在艺术博物馆的教学岗位工作，因在动荡的年月中受到冲击，身体垮掉，后来居家养病，也几乎不再创作。要是有人说，这期间买过他的泥人，那就是开玩笑了。

摩顶放踵　焚膏继晷

我的父亲第五代泥人张张乃英先生十六岁时，听从国家召唤放弃重点高中的学业进入天津艺术博物馆工作，负责泥人张世家前辈泥塑作品的陈列与修复，除了博物馆向香港人卖过几件他的作品外，从没有卖过其他作品，只有在1994年退休后，才有作品销售。但也因此惹来麻烦，因为那时"泥人张"已经是国家的商标了，张家人不能再使用。一直到1998年，张家人通过诉讼，争回商标所有权。2000年，我成立了"天津市泥人张世家绘塑老作坊"，才又有作品开始销售。如果在2000年前，您买过"泥人张世家"传人作品，那您

张玉亭先生作品《麻姑献寿》

应该心里有数了。

广阔天地　大有作为

1978年出生的我，正好赶上了国家改革开放的步伐。1996年，十八岁的我从学校毕业，开始恢复泥塑老作坊的运营，自己独立执掌整个家族企业。2000年开始在古文化街经营"泥人张世家"店面，后来又建立了泥人张美术馆。2015年，我在北京798艺术区开设了新的展馆。人们可以在美术馆中驻足欣赏历代作品，也可以走进店面挑选自己喜欢的艺术品。

从1959年到2000年，除了张家赠送朋友的作品之外，天津人大量购买的泥人张彩塑绝大部分来自天后宫门口于1988年成立的国营"泥人张"店铺。但是这家店铺与张家传人作品没有多大关系。有的作品来自当初培养的那些翻模工人，但更多的是河北省霸县（今为霸州市）扬芬港泥人和浙江嵊县（今为嵊州市）泥人。

所以现在天津人买到的作品是张家传人制作的吗？

在我看来，是，也好像不是。

原因一在于世家传人所销售的作品，后面有一枚"世家"的印章，这是现在"泥人张世家"自2010年后，启用的一枚新商标，有这枚印章，证明这是真正的传人手工专作。

原因二不是价格偏贵的作品就是"世家"作品。这样的作品，也不过三万到六万，这样的价格在艺术品市场，根本论不上贵。当然，大型的作品另当别论，但这一类型的作品五年只有不到十件。而且几十万的价格，也并非漫天要价。所以并非是价格因素。究其原因，其一，是天津人并不"喜欢"泥人。经历了几十年的熏陶，天津人对泥人的价格预判已经深深地定在几十块钱，天津人并不"喜欢"这种泥人，除了送礼，根本不会注目于泥人。其二，天津人不喜欢古文化街，许多天津人已经十年没来过文化街了，就连我自己，除了从停车场到"泥人张世家"店面这几十米的距离之外，也是五年没有转过文化街。而"泥人张世家"在大陆地区只有这一家店，所有作品由此销售。许多天津人可能从未进过"泥人张世家"的店面。不过，即使来了，也很难看到传人的作品。因为这些"世家"作品，还未进入店面，便已销售一空了。

因为新媒体的兴起，人们多了一种新的交流方式，在工作之余，我会在社交媒体上分享我的创作动态，而我的几位作品经纪人会在线上分享我的创作照片，此时便陆续有消息来询问作品的信息，一般是作品未完成，销售已告罄。这些询问者，大都来自店内偶遇的外地顾客，天津人在其中少之又少。

2003年至2005年，中国美术馆定下了我的所有作品。现在又有藏家定下了个别题材的全部作品。因为他们明白，定下一个名匠一年的全部作品，只相当于投资一张中等价位的画作。于是，在天津人还在将其视为旅游纪念品时，我们的作品已然被收购一空。去年一年之内，留在天津的只有寥寥三件。而自今年北京798艺术区的张宇雕塑馆开放后，又占去了大量传人作品，虽然北京的客人作品也由天津店面购买。不久后，"泥人张世家"的日本店面即将营业，更多的作品，也将有新的去处了。综上，两百年"泥人张世家"传人作品，天津人买走的、留在天津的少之又少，这一直是世家的遗憾。

空间中的精神

我的作品无论人物是何种情绪，总是有着一种幽幽的沉默，这很应和一些人的心境。

这种情绪气氛，是作者独特的个性使然，很难模仿。通过作品散发的作者个人气质，可以使作品所处的空间，浸润着相同的气质。就像与人相处，同气相和，收藏家对作者是非常挑剔的。只有拥有奇异气场的作者，才可产生独特气场的作品。

雕塑作品在空间中的精神气场，是确实存在的，但不同的文明对同一件雕塑的感觉是不一样的。人们对雕塑的感觉来自人们的宗教信仰、文化教育和人生经历等独特的个性化经验。它会使人们在看到同样的雕塑时，产生不一样的情感投射。

东方人深受传统文化教育的影响，有的时候并不是通过学习东方的儒学思想，仅仅是在日常的人群中生活，潜移默化地就受到东方文化深厚的影响。他们在看到传统雕塑的时候，会有自己很独特的习惯，他们认为老就代表着美，认为安静代表着美，同时又认为特别的张扬，也代表着美。

但无论是对什么样的作品，东方人都很在意一件作品在空间中的气场。

也就是在一个封闭的空间中，比如厅堂轩斋，一件雕塑所产生的持久的影响力量；在一座建筑之前，排列的雕塑所体现出的力量感。

这种影响，明显地带着东方人自我的心灵投射，传递着规范、规矩、威严。所以中国的雕塑更像是老师，它们在起到教育教化作用的同时，也是一种震慑与威严。

传统文化中的雕塑很难进入到文人体系中去传达自由的情感，难以成为那些放逸飘摇的情感载体。这是雕塑的不幸，但也是雕塑的独特价值。

所以东方人在看一件雕塑的时候，更像是在看一个人。好的雕塑，是你从它旁边走过去，内心不会受到任何的惊扰，你不会觉得那里有一个人。但是当你沉静下来和它对视的时候，你又会发现，它是一位值得认真聆听的"人"。它有着许许多多的故事，它也在静静地陈述。

在一个空间之中，如果仅有一件雕塑，你会发现这个空间的情感背景，会因这件雕塑而改变。一件作品会赋予一个空间独特的精神体验。这种体验，对东方人非常灵敏而真实，有的时候人们会真实地感受到并表达出来，有的时候人们沉浸其中却并没有意识到。

这也成了中国人用雕塑来改变风水气场的初衷。其实雕塑在东方人的生活中，处处皆有，无处不在。

虚假的价值

现在人们对传统文化，拥有空前的热情，也十分珍视。无论是政府还是民众，都对传统文化有着独特的热爱情感。这让我的都市艺人生活，有一种如沐春风的感觉，但我更期盼着果实累累的感觉。

人对传统文化倍加推崇，对其创作者也是倍加珍视，匠人有很高的社会价值与地位，但对我而言只是虚像而已。

在两百年的历史中，传统工艺制品在鸦片战争之前，一直承载着一个强大富饶的文明国度的形象，有着巨大的对外贸易。在那之前，我们的文化产品作为一个强盛、富饶的文明载体，有着庞大的对外贸易，源源不断换回财富。这些器物代表着人们对一个神秘的东方国度的向往，也传播着中华文明的先进与文化。

鸦片战争之后，我们开始向西方学习，从技术到生活方式。

时至今日，代表中国传统文化的器物，承载着的已经是过去的生活方式，淡出了现代人的生活。这种改变，使得我们的文化产品生存空间越来越小，与民众的交流过程也越来越难。

传统工艺的技巧，旧时的审美情趣，成为隔阂在其中的障碍，使得人们很难参与到传统之中。这有点像减肥，人们都希望有一个健硕的身体，但又很难拒绝当下的生活方式，真正达到减肥的目的。

这也不能抵消人们对传统文化的热情。五十年前，这种热情只在极少人心中才有，那个时候人们并不把传统文化，当作特别值得珍惜的传统的历史，人们急切地希望迈入现代化的社会。传统器物，也是在那个时候逐渐从人们的生活中消失了。

那个时候人们对于传统器物的漠视的情感也是真诚、实在的。再往前推一百年，人们对传统文化的态度也是激烈而转折的。经历了这些，对外界的价值评论，就会有自己的认知了，褒贬由人。

评论自由，外界的评论是随着社会的变化而变化的。它并非是一致的或者连贯的，总是随着时代的变化、审美情趣的变化，生活的需要而改变。

所以对于社会给我们价值的评判，也不必过于当真。现在社会对我们传统工匠的推崇，我觉得更不应放在心上。

传统文化之前所处的尴尬地位被社会漠视，也着实令人可怜，亦不是它所应有的状态。

当下的评论与评价，对传统文化价值的认知，在我看来始终是虚假的幻象，有着各自的目的和来由。但如果把它当真，那就是我们错了。

这些都是外在的环境，作为当代都市艺人的我只需认真做好心中的事、自己喜欢的事就可以了。我更多的是在嘈杂的环境中去做自己的工作。

外在的环境就像四季，春夏秋冬各不相同。有的时候落叶，有的时候开花、结果。我取外界之精华，以保证我的技巧之树成长。

让泥人张世家的技巧之树在自然中健康成长。

抟土为人

天津在海河的入海口，海河由多条河流汇聚。在天津西部的郊区，河流淤积的大片土地下，有一层黏土层。这层黏土层一般有三十厘米到一米左右的厚度，埋在地下约一米的地方。这种土在天津数量巨大，随处可见。它含沙量小、不透水、可塑性强，是雕塑的良好材料。

　　从野外取回的黏土，需要加大量的清水化为泥浆，然后过滤掉其中的沙砾、树枝等杂物。再将过滤后的泥浆晾干，加入清水，变为可用的泥料。在泥料中，加入棉絮，用锤子捶打，使棉絮分布均匀，便可收藏使用。一般泥料要贮藏三年，可塑性为优质，因为其中的发酵反应，使泥料的手感更为成熟。

彩 绘

　　绘制是在作品泥塑完成，并经过烧制之后，进行的一道程序。绘制可以更好地表现作品的质感。在绘制之后，作品不再烧制，颜料会一直保持彩绘完成的样子，而时间会使其褪去火气，更加统一融合。所有作品会随着时间的推移，更为完美。

绘制的技巧，来源于中国的绘画技法。两千年前的兵马俑，就有着成熟的彩绘技法。历经两千年，泥人张世家完整地继承了这套彩绘技法，几乎没有什么变化。在颜色的选择与调配上，则有了自己的偏好。在作品中，创作者依然不避讳红色与绿色、黄色与紫色等的碰撞，但会使用巧妙的图案，层层压制，使其形成灰色的主色调，统一与跳跃相得益彰。

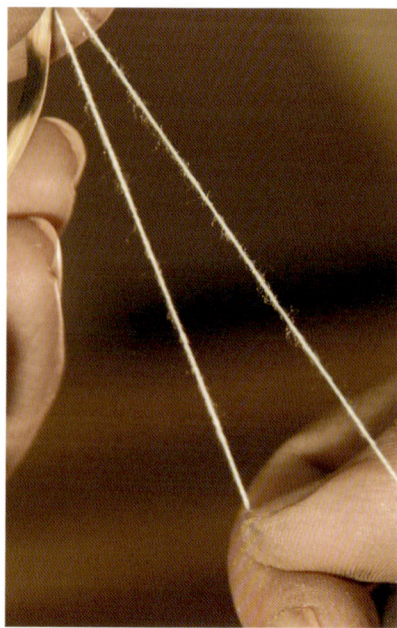

作品完成前，有时也需要精致的"道具"配合。比如《木兰从军》中藤制的弓箭。这些小巧精致的配合品，亦须仔细制作完成，并不比作品所用时间少。但是，泥人张世家的大师们仍然习惯于自己耗费时间，逐一完成道具的制作。因为作品在泥制时的体积，要比干燥后大百分之十，因此"道具"不能和作品同时完成，要在作品完成后搭配。所以预留的人物姿态、神情与"道具"的配合，是作者必须要注意的。

　　竹子、藤、棉线、铅丝、钢丝、铜丝，各种各样的材料也被精心地加入作品之中，成为作品的一部分。但是这些材质的质感需要与泥塑有巧妙的配合，加以掩饰，从而不至于影响到整件作品，使作品看上去粗陋简单。

动物在作品中成为形象的一部分，是我的作品特点之一。
在我的作品中，青牛、灰鹅、鹦鹉、狸猫往往成为主角。

我的作品，用不同的印章分为珍藏版作品、限量作品、世家作品。世家作品是我全部亲手完成的。限量作品和珍藏版作品，则在打磨等重复技巧程序中，有作坊的助手参与完成。但是作坊所有的作品，均由我负责。

因此作坊作品数量稀少，在中国只有一家门店销售作坊作品。

　　作品在制作时，要随着泥料逐渐变硬，进行不同的创作构成。作者创作思路的变化，往往也导致创作的停顿。我的作品，往往需要历时一到两年的时间，有的时间则更长。许多作品是同时创作的，因为一个时期的风格往往近似，作者的思路和情感也一致，所以同一时期的作品有着近似的情绪。不同时期的作品，雕塑手法也不尽相同。

但是创作时间的充裕，使得我经常更改创作方向，同时进行的几件作品也往往相互影响。作坊中，也摆放了许多我中途放弃的作品。这是泥人张世家历代的习惯。他们都有许多半成品没有完成，一直留存下来。在美术馆中的《木兰从军》草稿，就是张明山先生为清宫制作的作品草稿，为两件人物作品，而故宫博物院的《木兰从军》则增加一位年轻士兵的形象。

我也经常创作具有民俗意味的作品，如关公像、钟馗像、福禄寿像等。在这些传统题材的作品中，题材的固定、形式感很强的装饰趣味可以使得创作变得简单、有趣，自如地表现技法和生活趣味。

福禄寿三星，是典型的古典造型题材。三星既是降福吉祥的神仙，也是充满人间生活趣味的形象。每年我都会推出自己新一年的三星形象作为限量作品。

162

五老观画

作品取材于古代典故。塑五位老人，在桂树下，执杖、袖手、展图，共赏一幅绘画的场景。

　　相传尧帝带领舜等五人，登首阳山，观河渚，察神坛。忽然看见远处山林中，五位老者在观看一幅河图。其中一老者说："此图乃应天之像，受命于天者当有之。"老者话音刚落，河中跃出一匹龙马，高声鸣叫："为重瞳子者，能懂此图。"老者们见龙马吐言，便化作流星，各归星宇本座，龙马也回归河神府。尧舜等人上前观看留下的绘图，目有重瞳的舜，立刻就看出了图中所绘，为此后数千年间天下的大事。

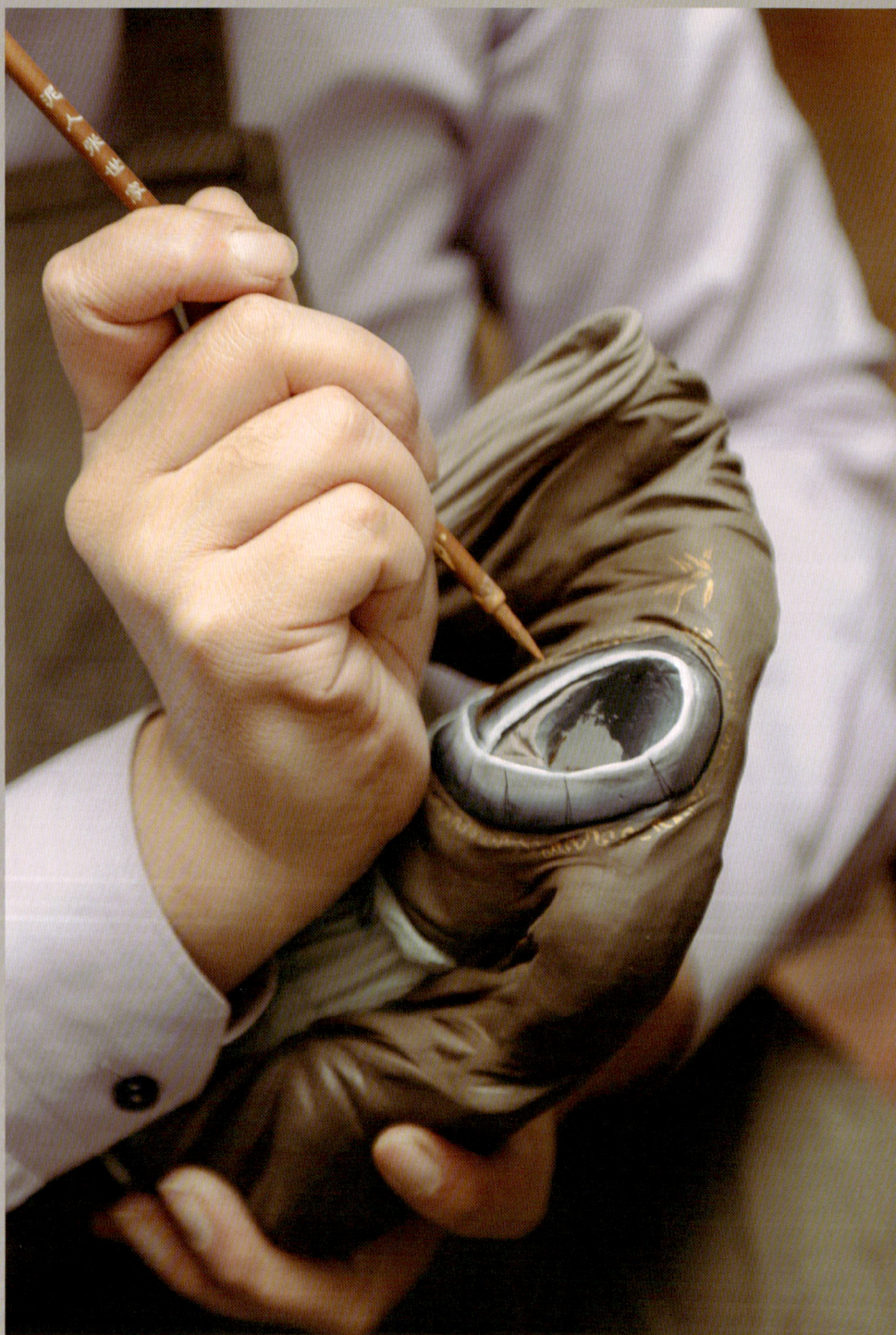

彩绘，总需要在清整的环境中一笔一笔完成。

Me and my works —— 我和我的作品

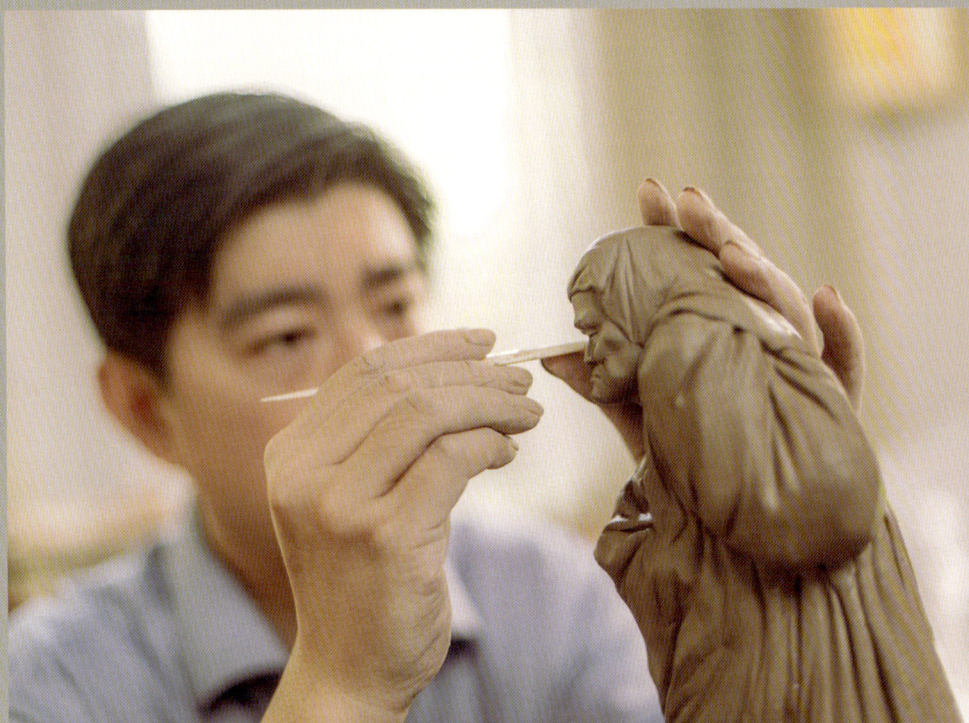

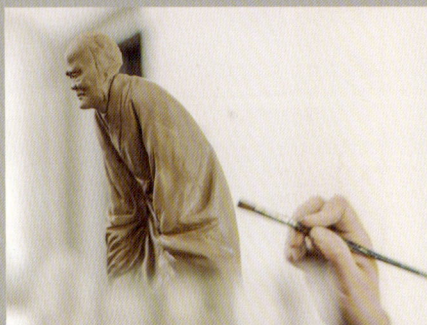

在制作时，便要考虑到颜色的效果，作品之间的色彩搭配。

紫气东来

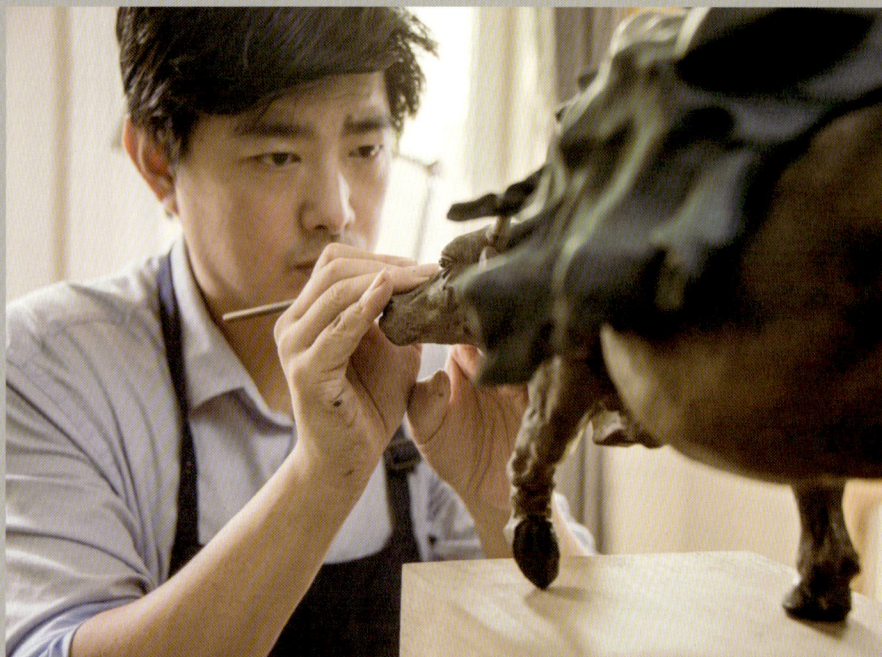

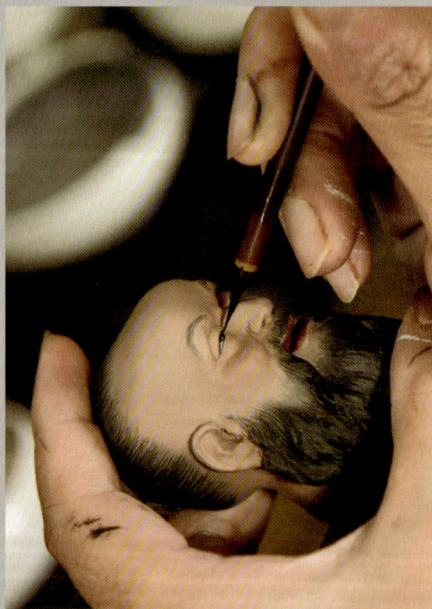

传说老子过函谷关之前，守关的官员尹喜，见有紫气从东而来，知道将有圣人过关。之后，果然见老子骑着青牛而来。后来人们借其比喻吉祥的征兆。

我总会有相同的创作题材，但是每次创作多会有不同的样式。

隐逸于青山绿水，自得其乐，是传统文人的人生理想之一。在历史中既有渔樵以诗词互道各自生活之趣、知水之乐、解山之情，又有北宋邵雍著《渔樵问对》，将天万物、阴阳化育，归之于易理，并加以诠释，亦有古琴曲《渔樵问答》千古流传。

工欲善其事，必先利其器

在两百年的家族中，有这样一些"神器"，在父子之间代代流转，直至今日，塑"神"无数。

名称: 落叶

材质: 竹制

工艺: 削、磨

制作者: 张明山

尺寸: 5.85 × 0.75 (寸[①])

此物由张明山先生所制。

其材质为毛竹，由张明山先生亲手削皮、去膜、削磨而成，至今近两百年矣。

其有竹之韧、轻、挺之质，又因其形似叶，用以塑人之"风"，故借"解落三秋叶，能开二月花，过江千尺浪，入竹万竿斜"。以"落叶"为名，暗含塑人之不见之"风"，以提醒"风"在前，"骨"在后。张明山先生亲自为其命名"落叶"。

其自制成之后，陪伴张明山先生一生，后由其孙张景福先生接手使用，随其历经战乱变动，又由张景福先生之子，张铭先生接手，后由其传给长子张乃英先生。

在我十岁时，学校需要一件作品参加展览，觉得自己的工具都不顺手，便顺手拿了这支"落叶"，颇为

称心。于是，便经常从父亲那里取用，后来张乃英先生干脆就赠送给我了，更嘱咐我好好保管。

二十多年来，我用这支"落叶"创作了众多世家作品。一支"落叶"，承载了张家六代人的守则与标准。

名称: 白泽

材质: 骨制

工艺: 削、磨

制作者: 张明山

尺寸: 4.35 × 0.45 (寸)

东海之滨，有神兽焉，通体雪白，狮姿羊角，名曰"白泽"。

《云笈七签·轩辕本纪》载: 黄帝东巡，遇神兽白泽，"达于万物之情"。

此物形态纤巧，取自灵物之体，用以塑形分毫毕现，如神兽白泽能通晓万物情理。张明山先生将这件如雪莹润、如神灵性的塑具，命名为"白泽"。

"白泽"初成之时，颇为厚重，明山先生觉得，若与其他工具相仿，又未必能表现雕塑诸多细节。因此将

其反复琢磨，使其越发纤薄，终成此灵慧之姿。

"白泽"成型后，明山先生用其精琢细塑，无不趁手，塑人尤其刻画入微，深得明山先生倚重。"白泽"几经磨砺，已经深受百年御匠之灵所感，与明山先生心意相通，更是风风雨雨，陪伴泥人张世家几代继承人。

张明山先生临行江南前，托付爱子——第二代泥人张玉亭先生，传承家业。明山先生将所用泥塑模具尽数销毁，唯将"白泽"郑重传于玉亭先生，玉亭先生心领神会，终成一代大师。玉亭先生又将"白泽"传于最喜爱的晚辈——第五代泥人张张乃英先生。现在"白泽"陪伴我左右，我用它创作了许多作品。"白泽"既是泥人张世家不靠上代、独闯天下的见证，也是泥人张世家心印相传的信物。

名称: 重明

材质: 木制

工艺: 削、磨

制作者: 张玉亭

尺寸: 3.15 × 0.39 (寸)

落叶

白泽

重明

① 1 寸 = 3.33 厘米

上古有神鸟曰重明，双目重瞳，传说中是舜帝前世。晋王嘉《拾遗记》中记载，祗支国进献神鸟于尧帝，"言又眼在目，状如鸡，鸣似凤。能搏逐猛兽虎狼，使妖灾群恶不能为害。……国人或刻木，或铸金，为此鸟之状。置于门户之间，则魑魅丑类，自然退伏。今人每岁元日，或刻木铸金，或图画为鸡于牖上，此其遗象也。"

"重明"为第二代泥人张张玉亭先生亲手所制，因其状如鸟羽，前端尖细如凤喙，名为"重明"。

传说中的重明神鸟能驱邪避祟，群恶惧之，而此"重明"的经历更为神奇。

当日玉亭先生为友人所托，塑《钟馗》，先生自工具中选中"重明"，顿觉挥洒自如，而以"重明"为工具，更为钟馗增添几分长驱鬼魅之豪气。惊世骇俗的"东方第一批判现实主义"名作——《钟馗嫁妹》就此诞生。

这件神器经由第三代泥人张张景福先生之手，又传于第五代泥人张张乃英先生，现追随着我的工作。

"重明"历经四代之手，灵性愈纯，然凛然之风未改，因其"祛邪"之功，以及其与《钟馗嫁妹》的渊源，几乎

成了每代塑钟馗必用之神器。我为泥人张世家一百九十年庆典所塑百年福魁，也是使用了这支"重明"。

名称：玄鹤
材质：木制
工艺：削、磨
制作者：张玉亭
尺寸：5.76×0.6（寸）

"鹤千岁则变苍，又二千岁变黑，所谓玄鹤也。"
——[晋]崔豹《古今注》

它型量修颀，黑中带苍，纹如鹤羽，因此命名为"玄鹤"，是第二代泥人张张玉亭先生亲手所制。

《搜神记》中有孝子引来"玄鹤献珠"之典，自第一代泥人张张明山先生去后，第二代泥人张张玉亭先生怀念父亲，因此将此物名为"玄鹤"。实为张玉亭先生欲报父亲教授之恩的一片殷殷之情。张玉亭先生将"玄鹤"传于第三代泥人张张景福先生，这既是对张景福先生塑艺之肯定，更是对其继承家业的期盼。张景福先生携其下江南、游蓟北，每执"玄鹤"，犹

如父亲在侧，聊慰牵挂，而更坚定立业之心。

张景福先生又将"玄鹤"传于爱子——第四代泥人张张铭先生，张铭先生又传于第五代泥人张张乃英先生……如今，"玄鹤"已陪伴我十余年，"泥人张世家"有很多作品是我父亲与我联合创作的，都是使用的这支"玄鹤"。

玄鹤

松音

猗兰

「重明」

泥人张世家，一百九十三年父子相传，"玄鹤"见证了"泥人张世家"的父子亲情与师徒之恩。每代"泥人张"在继承家业之前，随父学艺时，都约定俗成地使用这支"玄鹤"。可以说，"玄鹤"是这个特殊的艺术家族中，父子之间深情的负载。

名称：松音
材质：木制
工艺：削、磨
制作者：张明山
尺寸：6×0.75（寸）

"日落山水静，为君起松声。"
——［唐］王勃《咏风》

"松音"为第一代泥人张张明山先生手制，专为友人塑肖像所用的工具，因李白《听蜀僧浚弹琴》中有"为我一挥手，如听万壑松"的诗句，取高山流水谢知音之意，名为"松音"。

张明山先生重情重义，所塑肖像多赠友人，如著名的《严仁波像》《刘小亭像》等。"松音"是张明山先生与名士好友知交的见证。一直以来，对历代"泥人张"来说，工具是安身立业的依赖，理当得到艺人的尊重。然而有一位学生曾觉"松音"经年累月，留下不少痕迹，未免影响美观，因此将"松音"痕迹打磨殆尽。"松音"虽然貌似翻新，它所承载的历史与记忆，却仿佛一同被湮没了，当时的第四代泥人张张铭先生虽深觉痛惜，也并未责怪于他。

"松音"经第二代泥人张张玉亭先生、第三代泥人张张景福先生、第四代泥人张张铭先生、第五代泥人张张乃英先生，如今传至我的手里。我用"松音"创作的《孔子像》，被德国总理默克尔女士收藏。时隔百年，"松音"已经不仅限于人与人之间，而成为国家之间交流的见证。

名称：猗兰
材质：木制
工艺：削、磨
制作者：张景福
尺寸：6×1.2（寸）

"兰之猗猗，扬扬其香。不采而佩，于兰何伤。"
——［唐］韩愈《幽兰操》

此器为第三代泥人张张景福先生亲手所制，其形如古琴，此以古曲《猗兰》为名。东汉文学家蔡邕的《琴操》中记载："《猗兰操》者，孔子所作也。"孔子周游列国，诸侯不能任之，归返鲁国途中，见兰草而发出感叹，因有此曲。

兰，喻其性高洁，猗兰，言君子情操，为人一世，当有傲骨。

当年，第三代泥人张张景福先生将远行江南，手制此器，并书王守仁《龙潭夜坐》诗："临流欲写《猗兰》意，江北江南无限情"以自省。张景福先生，一心投身艺业，卓有成就，虽生逢乱世，命途多舛，但不折傲骨，终成名声显赫的第三代泥人张。

"猗兰"所凝结的是"泥人张世家"一种君子气节的坚守，这种坚守体现在第四代泥人张张铭先生关闭作坊，拒绝与日寇合作；体现在第五代泥人张张乃英先生历尽波折，不舍不离，创立美术馆，保留艺脉；我用"猗兰"塑造了《孔子抚琴》，藏于钓鱼台清露堂。

作坊工作台

泥人张世家绘制专用 张宇监制

张宇监制

第 六 章

CHAPTER VI

————

文化交流

雕塑是另一种语言

————

　　在泥人张世家艺术的尝试时期，不同的文化交流为泥人张世家的艺术带来了全新的感受与创意。在近两百年的生活中，泥人张世家的大师们一直致力于了解其他的文化，并且让世界了解自己。

巴拿马太平洋万国博览会

　　在 20 世纪，清末至民国初期，泥人张世家的作品参加过许多的国际展览会，这和当时国际社会对中国古典作品的推崇不无关系，这种交流也使得泥人张世家的作品为世界所了解。

　　1914 年至 1915 年间，泥人张世家的作品参加了日本的大正国际博览会和美国的巴拿马太平洋万国博览会，以及南洋各国的展览十余次，均获得奖状、奖牌。

　　其中，在美国的巴拿马太平洋万国博览会上，泥人张世家的作品获得了二等奖"名誉奖"。博览会的奖励第一名是"大奖"奖状，第二名是"名誉奖"奖状，第三名及以后是金牌奖、银牌奖、铜牌奖若干。

　　在博览会的记录中，记载了泥人张世家的获奖经历，反映了东西方的艺术思想差别。并且，记录了来自西方的评委观点，他们认为，泥塑未经烧制，只能置于工艺门，而工艺门最高为二等"名誉奖"。如果作品经过烧制，便应置于艺术门，必得大奖。

　　泥塑烧制与否，在东方只是作为体积保存的需要，绝大部分的地面雕塑，甚至露天雕塑都是不烧制的，只有作为陪葬品的地下泥塑，如兵马俑、唐三彩等，才会烧制以保其完整。

　　东方的雕塑彩绘形式，也使得西方的观赏者有不同的认识。

1915 年巴拿马太平洋万国博览会于旧金山举行

《吹糖艺人》这件作品是张玉亭先生在清末时期的作品，作品以写实的笔触，描绘了一位吹糖艺人的形象。人物平和沉稳，并没有局促窘迫，展示了一位平实、不富裕的艺人在创作时的神情。张玉亭先生的这种现实主义题材的作品，往往以真实人物为基础，这既是一件写生作品，也是当时社会真实形象的展现。

《吹糖艺人》这件作品，参加过1915年在美国举办的巴拿马太平洋万国博览会，在一百年后，又参加了上海世界博览会。

1915年首届巴拿马太平洋万国博览会

泥之韵

张乃英彩塑作品捐赠展

　　2013 年，在中国文化部的主持下，中国美术馆收藏了第五代张乃英先生和我的作品五十余套，建立了泥人张世家收藏系列，并在中国美术馆举办了专题收藏展。

北京国贸展览

除了专业美术馆的展览外，泥人张世家也非常关注各种商业展览。

商业展览，虽然受到场地与形式的限制较多，但是可以与民众有更轻松的互动与交流，增加艺术与社会的交流。

首都博物馆展览

泥人张世家作品，在首都博物馆的展览。

除了在博物馆和美术馆的交流展览外，泥人张世家还与许多大学和中学展开交流、开设展览，或在中学设置长期展览室。

泥人张世家一百九十周年展

　　2016 年，泥人张世家一百九十周年的时候，泥人张世家在天津举办了"世家一百九十周年"纪念展。作品展示了泥人张世家一百九十年的发展与演变，展览也得到了天津市政府的支持和众多参观者的好评。

中国美术馆首届全国雕塑艺术大展

　　2017 年，北京中国美术馆举办了首届全国雕塑艺术大展，展览汇集了中国近代一百余位雕塑家的优秀作品，建构了近代中国雕塑的学术全貌。在展览中，张明山、张玉亭、张铭、张乃英的作品具有重要的地位，代表了中国雕塑近代发展的一段历史。

　　展览中，写实主义的肖像作品代表了近代现实主义雕塑的发端。这些写生作品，使得中国雕塑离开了宗教与祭祀的用途，成为作者表达对社会的看法及抒发个人情感的艺术品。这种变化标志着中国雕塑进入了一个全新的阶段。

浪漫主义的作品，代表着中国雕塑的古典审美风格的延续。仕女形象的演变彰显着古典主义风格随着时间的推移、社会思潮的转变愈发世俗化的倾向。世俗化的审美倾向使得近代雕塑作品开始寻找新的雕塑语言，从而，开始学习西方的雕塑语言。

张氏家族的艺术家们，在近代雕塑史上的影响巨大，其作品也拥有着广泛的欣赏群体，是中国雕塑发展的前卫启蒙者。在中国艺术史上成为一个重要的家族。

采 访

我和美国奥康纳短篇小说家奖得主 Lori Ostlund 女士及 Anne Raef 女士访谈

L：我很感兴趣的是，您是怎样学习的这门技艺，您是特地非常严格地去学习从父亲祖父那继承的技艺呢，还是其他的方式？

Z：应该是其他的方式。虽然我们是六代人，但是跨度也只有一百九十一年，大约两百年；从秦始皇到今天是两千多年，我们占了差不多十分之一。在这十分之一的历史里，我们都在从事同一件事情，这些事情中每代人之间其实是有很多矛盾的。

每代人都有新的创作元素加入里面，像我们（美术馆）楼上的作品就跟楼下的不一样。

L：作为一位艺术家，您有没有觉得跟哪一代的前辈更有亲近感？

Z：好像没有。

A：小的时候肯定是从基本的技法开始学，从何时开始您有了自己的风格，而且这种风格慢慢地开始偏离了祖辈的风格呢？

Z：从小时候开始就不太一样，我们相信每代人都是从零开始的，如果给了后代人直接的教育，那么他会有一条固定的路线，而这个路线会让他找不到自己发展的方向，慢慢地会失去自己的眼光和判断。所以每一代都是从零开始，长辈们甚至和孩子不生活在一起，完全是让孩子自然成长起来的，他们只是看到了长辈的作品，在技法上没有过多的教育，而且基本的技法其实很简单，没有特别复杂的技法需要传承，大部分都是后代从零开始摸索出来的。

A：有时候会不会感受到来自长辈的压力？他们会不会更多地想影响你、强迫你去按照某种方式去做？你会不会很叛逆、不愿意去遵守？

Z：其实没有。在我们的家庭里面，虽然父子之间有师徒的概念，但是每一代都知道，我们只是陪伴着下一代走。陪伴的过程中我们更像是朋友，我们会有建议、会有要求、会有冲突，但是你永远不可能要求他去做什么。

L：在您的创作生涯当中，有没有一个时刻，您不想再当这样一个艺术家？

Z：有啊！

A：是因为来自创作本身的压力，还是因为在创作的过程中您对其他的事情感兴趣？

Z：应该是前者吧。毕竟雕塑对

技艺还是有要求的。对我来讲，我觉得自己在创作上不是很有灵感，有时候觉得自己可以做一个研究者而不是创作者。

A：很多时候好像艺术家都有这样的感觉，比如说我（Anne）是作家，有时候就会想，不要再写了，但是即便是这样，还是忍不住要写。

Z：还有一个事情就是，传统是一个很大的麻烦，它跟我的生活已经脱离开了。我的创作已经跟传统脱离开了，但是很多时候你又会被局限在传统里面。

A：在了解其他国家的艺术时，您一般最感兴趣的是什么？您有没有从这些作品中得到什么灵感？

Z：雕塑。它们有很多相似的地方，我通常会关注的同样是作者，他们哪些地方会偷工减料。

A：作家有时候看别人的作品也会这样，看一些作家没写好，也会说"啊！这句子写得超烂！"

他们有时候也会从很多优秀的作家那里学到很多东西，比如，他们敬仰的一些作家，就会从他们那里学到很多包括技艺方法、创作手法等东西，所以他们就很感兴趣。您是不是也有这样一个非常崇敬的人，并从他那里学到了很多东西呢？

Z：没有。总的来说，我们会把雕塑当作自己人生中的一件事情，从中看到自己是什么样子，完成自我的完善之后就不再需要这件事情。

所以在看到别人的雕塑，往往会看到他有哪些没有解决完的事情，他困扰在什么里面。有时候会很有意思，会看到这家伙没出来。所以我们看到的优秀作品，往往是看到他性格中特质的东西，我们说是缺点，这让我们感觉到他也是一个平凡的人，他跟我是同样的。

A：哦，是的，他能感到这种连接。这意味着，在艺术家和他的作品间是没有关联的。

对刚才聊的话题，在看别人作品的时候，会觉得是一个受困扰的灵魂在创作。您觉得艺术作品是反映一个受困扰的灵魂比较好呢，还是说感觉这个作品的创作者的灵魂已经超越了困扰更好呢？

Z：很少能找到超越的那种作品。

在我们的观念里面，中国是没有纯粹的艺术的，没有艺术品，也没有艺术家。中国的艺术家，在我们生活中经历丰富，随手写一个信札，随手写一篇小事，圈圈点点。虽并不是很好，可能是苦闷得不行，可能是高兴得不行，随手写来的东西，人们把它当作艺术，但是对他（作者）来讲只是生活的副产品，或者只是他这个人的副产品。所以在我们看来是没有"艺术品"这个概念的，我们只有"如何去做一个完整的人"。其他的，我们并不在乎它的形式是什么。

A：我们对一点很感兴趣，如Lori 所说，在西方也有关于这个话题的争论，艺术是否是生活的一部分呢？艺术是否有自己独立的领域呢？当然，我认为，在西方，比较多的是对大众艺术和高雅艺术的区分。在中国，对艺术是否有大众或高雅艺术之分呢？这与"生活即艺术，艺术即生活"这个理念是否有一定的联系和区分？

Z：比较复杂……

A：刚才提到维多利亚时期的一个理念"为了艺术而艺术"，由奥斯卡·王尔德提出的。根据这个理念，艺术更多的是自省的形式，艺术独立于生活。像您的作品当中，有没有让艺术回归于这样的独立性？

Z：有啊，至少在我的作品里是这样。刚才的那个问题没有好好说的原因是这样，在我们正规的艺术家队伍或者民间的队伍里面，我们会发现很多中国的艺术家在忙着赚钱和琢磨如何提高自己的名声，我没有看到纯粹得可以称为艺术家的人物，所以我不太认为现在的中国有艺术家的存在。

L：美国作家圈有一个情况，现

在很多作家疲于跟其他作家建立比较好的联系，他们这种做法并不是简单地为了钱，可能就是跟某个人的关系好了，对自己的名望提升就会有帮助，很多人被迫地去"搞关系"。他们非常想了解，在中国的艺术圈里是否也有"站队""搞关系"的情况？

Z：个人认为没有，艺术家基本上受投资者影响。

A：西方的创作也是这样，如果一个作家不太关注自己是否受欢迎，他可能会更好地专注自己的创作。

Z：在美国作家可以只靠卖书来生活吗？

A：现在的一个现状是真真正正靠卖书挣钱的人很少，只有那些精于市场运作的人才能靠卖书来挣钱。像他们的话，是一边当老师一边创作，Lori 当时卖得很火的一本书所得到的报酬相当于三年教书的工资，但是为了写这本书，她花了整整十五年。所以对一个作家来说，如果他想完全依靠卖书来养活自己是一件非常艰难的事情，大部分的人都是一边在大学工作一边进行创作。

L：这个是前几天我们聊过的一个话题，包括跟另一个美国作家也聊过。时代真的是不一样，1920 年，《了不起的盖茨比》的作者菲茨杰拉德，

他写的一部短篇小说卖四千五百美元，他的长篇小说只卖六千两百美元，当时写短篇小说很挣钱。这个家伙就靠写短篇小说成了很富有的一个人，娶了一位很漂亮的媳妇儿。

的确是很不一样的年代，当时有很多作家靠写短篇小说就发财了，但是现在写短篇小说是不怎样挣钱的，写长篇小说的还可以，大部分出版商还是愿意出版长篇的作品，如果纯属是为了挣钱，作家并不是一个很好的职业。如果想挣钱的话，我可能会进入像市场营销这样的行业。

A：有些时候，人们会希望艺术有一定的教化作用，能去弘扬社会崇尚的理念，但是有些人觉得艺术是这样的话就会变成政治宣传。另外一些人觉得，艺术得对社会有一定的批评的作用，给社会一个清醒的声音。

Z：像音乐、哲学都是在用它们的语言来描述它们所看到的世界，音乐用震动的频率，哲学用的是逻辑关系。艺术被赋予了很奇怪的功能，但实际上它并不具有这样的功能。

L：非常赞同您的观点，我们在反思美国艺术和教育的现状，对于美国人开始对教育和艺术持有怀疑态度的时候，他们的想法可能不一样，但是大概在之前的五十年里，美国社会开始萌生对教育的怀疑。Anne 提供了另一种解释。为什么整个大众对于艺术家的角色和创作持怀疑态度，大部分人遇到难题的时候，他们想要的东西非常简单：你就告诉我这个东西对还是不对，但是这却不是艺术家在做的工作，相反，他们提出的更多的是问题，他们关注的更多是"灰色地带"，这就使得大众无所适从。

Z：人类心灵不会随着年龄增长而变得睿智，它一定是人类文明不断积累产生的，所以并不意味着现在的人类就比以前的人类在心灵上更加崇高、审美水平更加优秀。以前的一本书，五十年前我们把它叫作"毒草"，不许人看，而现在鼓励年轻人背诵。所以我们认为，对社会有导向性的东西不是这本书所具有的意义，都是后人附加上去的，所以艺术品本身没有导向性的功能，只是当人们利用它的时候，它才具有某种功能。

你所看到的世界只有你自己，我们看到的所有意义都是自己的。

A：我非常同意您的观点，我们每个人所看到的世界完全是属于自己的，或者说我们不管看什么东西都是从自己的视角，我们呈现给别人的应该是我们自己理解的世界。

当然我觉得艺术在很多时候，它其实提供给我们的是一个凝聚点，虽然每个人能从自己的经历和教育背景有所收获，但是很多时候都能在作品中找到共鸣，我觉得这就是艺术作品本身的价值，我们可以在里头找到共同的空间。比如，当我面对您的作品的时候，（您的作品）瞬时就会给我提供一个机遇，让我脱离开某一个时空，并在脑海中去构建可能跟这个世界关联或者不关联的另外一个时空。所以我觉得艺术作品的价值就是可以为我们提供这样的机遇和契机，让不同的人进入到或者尝试进入到不同人的心灵世界，尝试看到别人眼中的世界，同时又加入了自我对于这个世界的理解。

非常感谢，我非常喜欢您的作品，可以感受到作品里的感情。或许这就是艺术最重要的东西，就是去感动人。

第 七 章
CHAPTER VII

———

阅见未来

一国一店

———

　　泥人张世家，经过一百九十三年的发展形成了自己独特的制作技艺和雕塑风格，成为东亚雕塑艺术的代表之一。今天这一雕塑艺术不再仅限于天津一座城市，在欧洲和亚洲都有着广阔的空间，众多的爱好者。今后，世家将在各地设立更多的当代艺术空间。

六世传承

创作丰富，却未销售

经历了百年的风雨，有了深厚的积淀，也有了独特的风格。至今，我一直保持一店的经营模式，以保证作品的质量稳定。同时在北京开设了美术馆，以非营利的模式营造艺术空间。

泥人张世家经过一百九十三年的发展，将独有的雕塑风格发挥得淋漓尽致。不仅作品成为艺术品市场的珍贵之作，而且形成了自己独特的艺术生态群落。

这个由艺术家与欣赏者组成的艺术生态群落，在当今的艺术社会里更加完善。艺术家完成自己的创作，并按照自己的生长方式，在确定的轨道里延续，同时又有自己自由的方向。

传统不再是冷冰冰的规定或高傲的要求，艺术和人们的生活展开互动。在当代艺术空间中，人们离作品更近，欣赏者成为创作者的一部分。整个展览，成为一个传统的符号，人们可以对其展开自己的观点和评判。

我希望将这种艺术空间开设到其他文化体系内，形成新的文化交流与互动。

一国一店

泥人张世家将在其他国家设立自己的艺术品商店，销售部分世家作品和艺术衍生品，同时也会将艺术空间的模式带到其他地方，在不同的文明系统里展开彼此的沟通。

目前，在俄罗斯和日本的美术馆正在营建中，希望在其中可以有文化的彼此互动。

文化的载体是一件一件的艺术作品、艺术空间、艺术法则，文化不能凭空存在。我希望通过自己家族的艺术实践完成文明的传递，向人类智慧的灵魂再靠近一些。

回归生活

作为一位都市艺人，创作仍然是我未来的主要工作，而对传统艺术的创作，在停顿了几十年之后，需要一个缓慢的恢复过程。这个困难的恢复过程是任何人都逃避不掉的，它不仅是在技艺的磨炼上，在经验的重新积累中，也在于和留存的传统作品的重新沟通中，慢慢才能完成。

这个过程不是纯粹技巧性的恢复，其中也包括一些审美标准的重新理解和认可。我们对雅致和美丽的判断，已经有了太多的翻天覆地的变化。我们需在安静的环境中，安下心来重新找到它的本来面目，也许这个面目永远不会被发觉。但是，我们需要在黑暗中确定自己的位置，这会耗去一个人大量的时间。

这是我的艺术发展，也是整个艺术生态系统很重要的一部分。让人们了解我们，开始评判、接纳我们，也是传统技艺存在下去的最重要的一件事情。这些事情里，需要更多有着相同思想的青年参与。于是当代艺术工作，不再是一个人在书案上的工作，他是由整个团队通力协作完成的。

这个艺术生态的建立，将会使艺术家得到应有的滋养。在未来，只有更多的有才华的青年加入，才可能带动艺术的前进，使传统艺术回归到生活中。

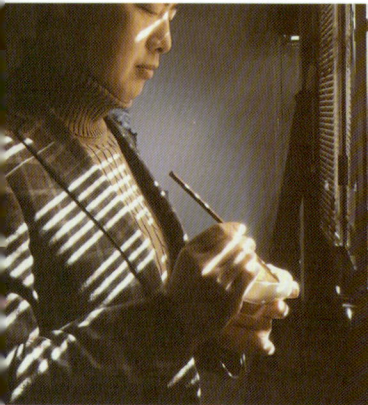

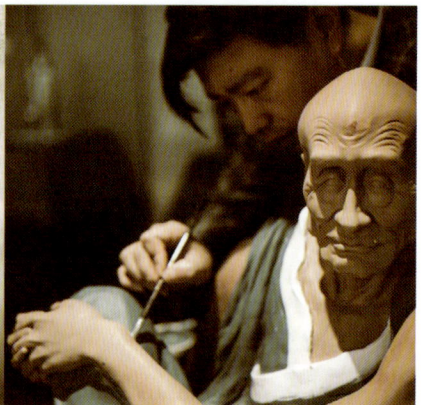

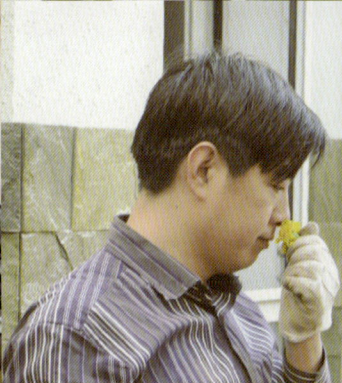

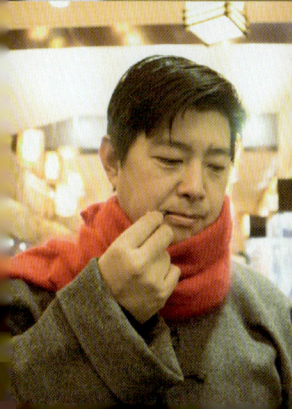

给我儿子的一封信

儿子:

　　每个人都带着自己的使命和自己的问题来到人间,在完成使命的过程中寻找自己的答案。

　　在找到答案后,所有的人生经历都不再重要,知识与技巧,都不值得留恋。

　　认真完成生命中遇到的问题,也选择自己的人生之路。

　　希望你,以自己的兴趣作为人生职业的选择,多选几次,多选几条,都可以,但是要对得起自己的选择,每条路上都有相同的困难,它们只允许有信念的勇者通过。遇到岔路,选择最困难的通行,那是上天为你特别定制的捷径。

　　如果选择了都市艺人作为职业,希望你以快乐为目的,而非为世瞩目。

　　作品是作为自己生命的光芒,或者做给自己亲爱的人的,不要随意使用技巧。

　　技巧是要将自己不擅长的,变为自己最擅长的。

　　但不要勤苦的练习,那只是在重复错误,加深错误的印象,要以反省来寻找正确的方向。反省不是要否定自己,而是提示自己正确的行动方向。此时,直觉,是比理智更可靠的朋友。

　　每个人都希望有理解自己的知音,但是一生能够做到的,只是尽可能地理解别人。

　　不要评判或改变别人的想法,理解是认同与接纳那个特定的人。要以合适的方式与场合,向合适的人表达自己的感受,自己喜欢的和不喜欢的,不要回避和亲近人的矛盾与争执。

　　珍惜理解每一位身边的人,共度多彩人生。

　　自己完成人生之路的每次选择。希望你,往事无悔,前路无惧。

第 八 章

CHAPTER VIII

———

关于世家

世家，不是一天而成

———

　　泥人张世家是从清末道光年间，由浙江绍兴山阴迁居天津而来的家族。最早以教授私塾为业。

　　在天津的第一代是张明山先生，他成长以后，以自己的文采和书画，赢得了社会声誉，并在天津安家落户。但张明山先生的泥塑技艺，却更为人们瞩目，广为传颂，成为人们记住张明山先生的最主要的成就。泥人张世家的作品成为清朝皇宫的御用贡品。

　　明山先生子孙，世承其业，代有名家。如今由第六代泥人张——我来主持，倍感责任之重。

　　泥人张世家，经历了近代天津历史上的动乱、战争、发展，走过了一百九十三年的历史，成为一个著名的艺术家族，在东亚雕塑界拥有自己广泛的影响力。

泥人张世家店面

泥人张世家老作坊，近两百年来，致力于泥塑作品的创作。作品的销售，另由店面完成。因为作坊的手工制作方式，使得作品数量有限，所以历代大师都只有一家自己的专营店。

"开一店，守一生"，独家经营也成为泥人张世家的一项传统。至今，在天津市南开区古文化街宫北11号的泥人张世家专营店，就是我作品的专营店面。

天津市南开区古文化街宫北十一号
+86（022）27359995
www.nrz1826.com
nrz1826@sina.com
9:30—17:30

泥人张美术馆

泥人张美术馆收藏并展示了泥人张世家两百年来的众多精致艺术品。除此之外，还有历史照片、书信、书籍等，系统地陈列了一百九十三年来世家历代大师的艺术发展史。

泥人张美术馆，是由我主持设立的私立美术馆。这里以展览的形式，汇聚各方的观点，让分享和发现成为自然的流动。展览会尽量提供背景和作品的内容解释，但也愿意听到人们对历史的新鲜感觉。

天津市南开区古文化街通庆里四号院
+86（022）27359995
www.nrz1826.com
nrz1826@sina.com
10:00—17:00

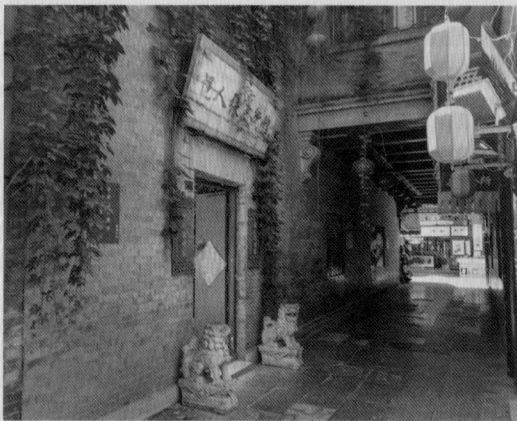

798 张宇雕塑馆

　　泥人张世家在北京的 798 艺术区设立了"张宇雕塑馆"。798
艺术区，为当代艺术画廊和艺术馆的聚集区，在其中设立传统艺术
的艺术馆还是较为少见。

　　张宇雕塑馆，并不是以作品为主，而是以展示空间为作品，以
传统雕塑为符号，建设当代艺术空间，一起碰撞，完成新的空间建立。

北京市朝阳区 798 艺术园区 797 中街张宇雕塑馆
+86（010）57626389
zydsg798@163.com
10:00—17:30

泥人张世家滨海中心

　　泥人张世家滨海中心，是在天津滨海新区设立的泥人张世家展
馆。在展馆中，有泥人张世家古典写实主义风格的肖像作品，他们
代表了泥人张世家的起源，是张明山先生的代表作品。在古代作品
之外，更多的是泥人张世家近代作品，以我的创作为主。

天津市滨海新区滨海文化中心美术馆二楼
www.nrz1826.com
周二至周四 10:00—18:00
周五至周日 10:00—21:00
周一 闭馆

敬请期待

　　泥人张世家除了展馆的建设之外，2018 年开启了"一国一店"
的商业模式。"一国一店"将首先进驻日本、俄罗斯。在历史上，
曾有很长时期，"泥人张世家"的作品百分之九十五销往海外市场，
而"一国一店"的模式，就是希望传统工艺，为经济的增长和传统
文化输出，做出自己的努力。

UNDER CONSTRUCTION

南开大学

　　从 2014 年开始，我在南开大学、天津大学、天津师范大学陆续开设了一系列的讲座，以及"文艺"选修课 ——"泥人张百年技艺传承与经营实践"。将传统艺术带入大学，以泥人张世家的艺术欣赏和经营哲学开设课程，让青年人可以更好地了解古典文化，零距离接触泥塑艺术，一同感受"匠人精神"。

天津大学

　　自 2015 年起，我在天津大学开设了"东方语境下的艺术直觉"专题讲座，以及"泥人张百年技艺传承与经营实践"课外实践课程。

天津师范大学

　　2017 年，泥人张世家在天津师范大学开设课程与讲座。我认为，雕塑是语言的另一种方式，希望在体验环节学生们也尝试用这种语言，自己动手捏塑泥人，近距离地感受"泥人张"的文化内涵。

THE
DYNASTY
WAS
NOT
BUILT
IN A DAY